呂思勉手稿珍本叢刊

中國古代史札録

22

四裔（西）二

呂思勉 著

第二十二册目録

四裔（西）二

札二……一
札三……七六
札四……二一三

四裔（西）二

姜戎

姜戎丨太嶽之后

經三十有三年春王二月秦人入滑滅而書入不能有其地○齊侯使國歸父來聘○夏四月辛巳晉人

及姜戎敗秦師于殽晉侯諱背喪用兵故通以賤者告姜戎姜姓之戎居晉南鄙戎子駒支之先也晉人角之諸戎掎之不同陳故言及○背音佩掎居綺反陳直覲反疏注晉侯至言及○正義曰

杜以諸侯之敗不至稱人故知諱在喪用兵以賤者告也襄十四年傳戎子駒支自陳此事云謂我諸戎四嶽之裔冑且此云姜戎知是姜姓之戎也角之掎之皆彼傳文耳彼云晉禦其上戎亢其下是不同陳故言及也諸戰之陳共用師不

言及者皆同陳也○癸巳葬晉文公　○晉原軫曰秦違蹇叔而

僖卅三

以貪勤民天奉我也奉與也○奉扶用反注及下同奉不可失敵不可縱縱敵患生違天不祥必伐秦師欒枝

曰未報秦施而伐其師其爲死君乎言以君死故忘秦施○縱子用反下同施始豉反注及下同先軫曰秦不哀吾喪而伐吾

同姓秦則無禮何施之爲言秦以無禮加己施不足顧吾聞之一日縱敵數世之患也謀及子孫可謂死君

乎言不可謂背君○數所主反背音佩遂發命遽興姜戎子墨衰絰晉文公未葬故襄公稱子以凶服從戎故墨之○衰七雷反絰直結反梁弘御戎萊

駒爲右萊音來○夏四月辛巳敗秦師于殽獲百里孟明視西乞術白乙丙以歸遂墨以葬文

公晉於是始墨後遂常以爲俗記禮所由變文嬴請三帥文嬴晉文公始適秦秦穆公所妻夫人襄公嫡母三帥孟明等○嬴音盈帥所類反注同妻七計反嫡丁歷反曰彼實

僖卅三

裔の

允姓
姜戎氏允姓の裔也一在瓜州
戎飲食衣服不與華同贄幣不通言語
不達一總案戎非異言但語不相通
閏不然駒支何能賦青蠅耶

使也莒貳於楚故比年伐魯○使所吏反將執戎子駒支駒支戎子名范宣子親數諸朝行之所在亦設朝位曰來姜戎氏昔秦人追逐乃祖吾離于瓜州四嶽之後皆姓姜又別爲允姓瓜州地在今敦煌○追音百瓜古華反敦徒門反煌音皇【疏】傳注四嶽至敦煌○正義曰周語稱堯遭洪水使禹治之共之從孫四嶽佐之胙四嶽國命爲侯伯賜姓曰姜賈逵云共共工也從孫同姓末嗣之孫四嶽官名大嶽也主四嶽之祭尊姜炎帝之姓其後變易至於四嶽帝復賜之祖姓以紹炎帝之後是四嶽爲姜姓也下傳云謂我諸戎四嶽之裔冑是姜戎爲四嶽之後姜姓故稱姜戎也昭九年傳云先王居檮杌于四裔故允姓之姦居于瓜州伯父惠公歸自秦而誘以來同說此事而云允姓知姜姓之後又別爲允姓也其姜姓是帝堯所賜允姓不知誰賜之也周語云胙四嶽國爲侯伯謂爲諸侯之長下注云四嶽堯時方伯據彼文而知之乃祖吾離被苫蓋蓋苫之別名○被普支反苫式占反蓋戶臘反爾雅曰白蓋謂之苫蒙荊棘以來歸我先君蒙冒也○冒莫報反

疏注蓋苫之別名。正義曰釋器云白蓋謂之苫孫炎曰白蓋茅苫也郭璞曰白茅苫也今江東呼爲蓋。被苫蓋蒙荊棘。正義曰被苫蓋言無布帛可衣唯衣草也蒙荊棘言無道路可從冒榛藪也說其窮困之極耳我
先君惠公有不腆之田腆厚也。腆他典反與女剖分而食之中分爲剖。女音汝下同剖普口反中丁仲反又如字今諸侯之事我寡
君不如昔者蓋言語漏洩則職女之由職主也。洩息列反徐音以世反詰朝之事爾無與焉詰朝明旦不使復得與會事。詰起吉反
朝如字注同與音預注及下同復扶又反與將執女對曰昔秦人負恃其衆貪于土地逐我諸戎惠公蠲其大德蠲明
也。疏昔秦至諸戎。正義曰僖二十二年傳云秦晉遷陸渾之戎于伊川則秦晉共遷之也昭九年傳云惠公歸自秦而誘以來又似晉侯獨誘之也此云秦人逐之惠公與田乃是被秦逐而自歸晉也三文不同者此戎本處瓜州
明遠在秦之西北秦貪其土晉貪其人二國共誘而使遷僖傳是其實也昭傳王專責晉故指言晉耳此傳宣子施恩於戎故言被逐歸晉駒支順宣子之言故云秦貪土地逐我諸戎秦本貪其土地而遷也謂我諸戎

十三經注疏 春秋左傳三十二 襄公十四年 九

是四嶽之裔胄也四嶽堯時方伯姜姓也裔遠也胄後也。裔以制反胄直又反毋是翦棄翦削也毋音無。賜我南鄙之田狐狸所居豺
狼所嗥我諸戎除翦其荊棘驅其狐狸豺狼以爲先君不侵不叛之臣至于今不貳亦不外叛不內侵
叛。貍力之反又作狸同豺仕皆反嗥戶羔反昔文公與秦伐鄭秦人竊與鄭盟而舍戍焉在僖三十年於是乎有殽之師
在僖三十三年。殽戶交反晉禦其上戎亢其下亢猶當也。亢若浪反秦師不復我諸戎實然譬如捕鹿晉人角之諸
戎掎之掎其足也。捕音步徐又音賦掎居綺反與晉踣之踣僵也。踣蒲北反又蒲豆反僵居良反疏譬如至踣之。正義曰角之謂執其角也掎之言戾其足也前覆謂之踣言與晉共倒之戎
何以不免自是以來晉之百役與我諸戎相繼于時言給晉役不曠時以從執政猶殽志也意常如殽無中
二也豈敢離遏今官之師旅無乃實有所闕以攜諸侯而罪我諸戎我諸戎飲食衣服不與
華同贄幣不通言語不達何惡之能爲不與於會亦無瞢焉瞢悶也。遏他歷反贄音至不與音預瞢莫贈反徐又武登反一音武忠反。
賦青蠅而退青蠅詩小雅取其愷悌君子無信讒言。蠅似仍反愷開在反悌徒禮反下文及注同宣子辭焉辭謝使即事於會成愷悌也成愷悌不信讒
也不書者戎爲晉屬不得特達

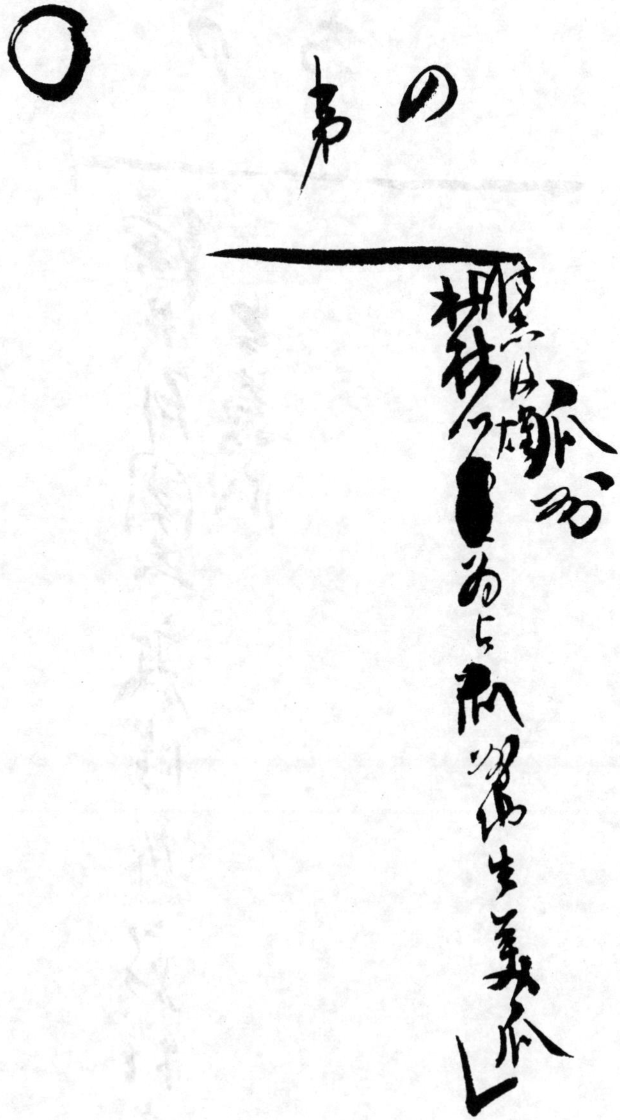

第四

續漢郡國志敦煌郡敦煌古瓜州出美瓜

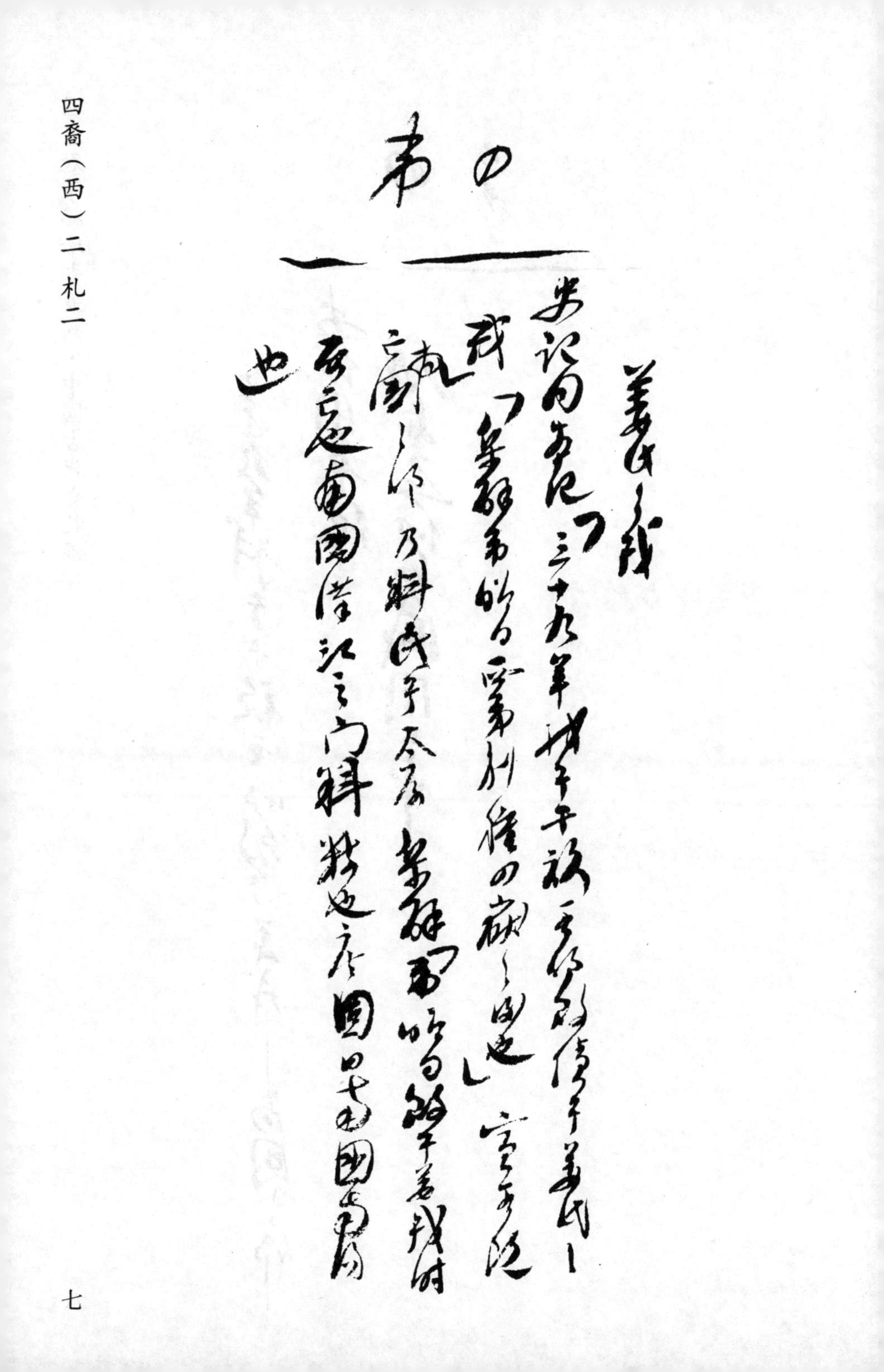

弟四

善成

史記[illegible]三十九年[illegible]

[illegible]

[illegible]

[illegible]

也

四

多

三十九年戰于千畝王師敗于姜戎——尚同、亦

史記周本紀

趙世家何以藏周之事

傳二十八年春齊侯伐衛戰敗衛師數之以王命取賂而還○晉獻公娶于賈無子賈姬姓國也○烝於齊姜齊姜武公妾○烝之承反生秦穆夫人及太子申生又娶二女於戎大戎狐姬生重耳大戎唐叔子孫別在戎狄者○重直龍反

疏注大戎至狄者○正義曰晉語云狐氏出自唐叔狐伯行之子實生重耳又曰狐偃其舅也

小戎子生夷吾小戎允姓之戎子女也○

疏注小戎至女也正義曰昭九年傳稱晉率陰戎伐潁王使辭於晉曰先王居檮杌于四裔故允姓之姦居于瓜州知戎為允姓也凡言子者通男女也知子謂女也二戎相對為大小也

晉伐驪戎驪戎男女以驪姬驪戎在京兆新豐縣其君姬姓其爵男也納女於人曰女○驪力知反女以[illegible]據反注曰女同歸生奚齊其娣生卓子

大戎唐叔子孫別在戎狄

之姓 戎

驪戎

莊廿八

裔の

陸渾之戎

被髮

曰所謂禍在此矣怒鄭至楚故伐之爲下泓戰起○初平王之東遷也周幽王爲犬戎所滅平王嗣位故東遷洛邑辛有適伊川見被髮而祭於野者辛有周大夫伊川周地伊水也○被皮寄反下注同曰不及百年此其戎乎其禮先亡矣被髮而祭有象夷狄疏其禮先亡矣○正義曰其中國之禮先亡矣秋秦晉遷陸渾之戎于伊川允姓之戎居陸渾在秦晉西北二國誘而徙之伊川遂從戎號至今爲陸渾縣也計此去辛有過百年而云不及百年傳舉其事驗不必其年信○渾戶門反一音胡囷反疏注允姓至年信○正義曰昭九年傳曰先王居檮杌于四裔故允姓之姦居于瓜州伯父惠公歸自秦而誘以來是此戎爲允姓也彼注云瓜州今敦煌則陸渾是敦煌之地名也從之伊川復以陸渾爲名故至今爲陸渾縣十一年傳稱伊洛之戎同伐京師則伊洛先有戎矣而以今始遷戎爲辛有言驗者蓋今之遷戎始居被髮祭野之處故耳○

僖廿二

裔の一

賁渾

公昭十六年六月晉荀吳帥師滅賁渾戎 釋文賁渾音六下戶門反

○楚子伐賁渾戎。賁渾賁音六或音奔下戶門反傳作陸渾 疏 葬匡王○解云天子記崩不記葬今而書者正以去年十月天王崩至今年春未滿七月即文九年傳曰王者不書葬此何以書不及時書過時書我有往者書然則此未滿七月所謂不及時書也 ○夏楚人侵鄭○秋赤狄侵齊○宋師圍曹○冬十月丙戌鄭伯蘭卒○葬鄭繆公葬不月者子未三年而弑

宣三

裔の

陸渾

傳楚子伐陸渾之戎

○晉侯伐鄭及郔。鄭及晉平

士會入盟郔鄭地爲夏楚侵鄭傳。郔音延○楚子伐陸渾之戎遂至於雒觀兵于周疆雒水出上雒冢領山至河南鞏縣入河。疆居良反

○取鄟言易也○易以豉反　○三月晉伯宗夏陽說衛孫良夫甯相鄭人伊雒之戎陸渾蠻氏侵宋夏陽說晉大夫蠻氏戎別種也河南新城縣東南有蠻城經唯書衛孫良夫獨衛告也○夏戶雅反說音悅下文注同渾戶門反種章勇反以其辭會也辭會在前年師于鍼衛人不保不守備○鍼其廉反一音針說欲襲衛曰雖不可入多俘而歸有罪不及死伯宗曰不可衛唯信晉故師在其郊而不設備若襲之是棄信也雖多衛俘而晉無信何以求諸侯乃止。師還衛人登陴聞說謀故陴婢支反

成六

陰戎—陸渾戎—允姓

昭八

○周甘人與晉閻嘉爭閻田甘人甘大夫襄也閻嘉晉閻縣大夫。閻以廉反 疏 注甘人至大夫。正義曰孔子父叔梁紇爲鄹邑之長論語謂孔子爲鄹人之子是典邑大夫法當以邑名冠之而稱人知此甘人即是下文甘大夫襄也甘人是甘縣大夫知閻嘉是晉之閻縣大夫名嘉也甘閻接竟田或相侵故共爭之 晉梁丙張趯率陰戎伐潁陰戎陸渾之戎潁周邑。趯他歷反 先王居檮杌于四裔以禦螭魅言檮杌略舉四凶之一下言四裔則三苗在其中。檮徒刀反杌五忽反裔以制反禦魚呂反螭勑知反魅本又作鬽武冀反 疏 注言檮至其中正義曰文十八年傳稱舜臣堯流四凶族渾敦窮奇檮杌饕餮投諸四裔以禦螭魅先儒皆以爲渾敦驩兜也窮奇共工也檮杌鯀也饕餮三苗也此傳以晉率陰戎伐潁止須言饕餮耳而云檮杌者略舉四凶之一耳下言四裔則三苗在其中可知也若直說鯀當言居檮杌于羽山不須言四裔也 故允姓之姦居于瓜州允姓陰戎之祖與三苗俱放三危者瓜州今敦煌。姦古顏反瓜古華反敦都門反煌音皇 疏 注允姓至敦煌正義曰此言主責陰戎知允姓陰戎之祖也言允姓之姦者謂其姦邪之人惡言之也尚書云竄三苗于三危此言允姓居于瓜州時同而人別知與三苗俱放於三危也 伯父惠公歸自秦而誘以來僖十五年晉惠公自秦歸二十二年秦晉遷陸渾之戎於伊川 使偪我諸姬入我郊甸則戎焉取之邑外爲郊郊外爲甸言戎取周郊甸之地。偪彼力反甸徒遍反焉於虔反又如字 疏 則戎焉取之。正義曰焉猶何也若不由晉則戎何得取周之地也。注邑外至之地。正義曰釋地云邑外謂之郊周禮載師掌任土之法具敘王畿之內遠近之次自國中以外有近郊遠郊次甸次稍次縣次都是郊外爲甸也陸渾之戎居伊洛之間是取周郊甸之地 戎有中國誰之咎也咎在晉。咎其九反 后稷封殖天下今戎制之不亦難乎后稷修封疆殖五穀今戎得之唯以畜牧。殖時力反疆居良反畜許又反一音許六反牧音目又音茂 伯父圖之

四裔

戎曼

十有六年春齊侯伐徐○楚子誘戎曼子殺之楚子何以不名據誘蔡侯名○戎曼音蠻又音萬二傳作戎蠻下同疏注據誘蔡侯名○解云即上十一年夏楚子虔誘蔡侯般殺之于申是也夷狄相誘君子不疾也曷爲不疾據俱誘也若不疾乃疾之也爲以固當常然者乃所以爲惡也願以無知薄責之戎曼稱子者入昭公見王道太平百蠻貢職夷狄皆進至其爵不日者本不卒不地者略也○見賢徧反疏注戎曼至其爵○解云上四年申之會伐吳再見淮夷五年冬越人伐吳一見越人所見之世而不進之者君子因事見義故也何者淮夷與越蓋遣大夫會此是君因可進而進之且昭公之時文致大平實不治定但可張法而已寧可文皆進乎○注不日者本不卒○解云上十一年夏四月丁巳楚子虔誘蔡侯般殺之于申書其丁巳今亦誘殺而不日者正以戎曼乃是夷狄之內最爲微國雖於大平之世亦不合卒是故春秋因畧之不書其日矣云不地者略也者正以蔡侯誘殺經書于申今此不地故言略也○夏公至自晉

昭十六 云

東の

[illegible]

[illegible]

○晉侯使屠蒯如周請有事於雒與三塗屠蒯晉侯之膳宰也以忠諫見進雒雒水也三塗山名在陸渾南○蒯苦怪反雒音洛萇弘謂劉子曰客容猛非祭也其伐戎乎陸渾氏甚睦於楚必是故也君其備之乃警戎備警戒以備戎也欲因晉以合勢○警音景九月丁卯晉荀吳帥師涉自棘津河岸名使祭史先用牲于雒陸渾人弗知師從之庚午遂滅陸渾數之以其貳於楚也陸渾子奔楚其衆奔甘鹿甘鹿周地周大獲先警戒備故獲宣子夢文公攜荀吳而授之陸渾故使穆子帥師獻俘于文宮○欲以應夢○俘芳夫反應應對之應

經九月晉荀吳帥師滅陸渾之戎

昭十七

九州戎—陸渾

東の

冬十月丁巳晉籍談荀躒帥九州之戎（九州戎陸渾戎十七年滅屬晉○躒力狄反）及焦瑕溫原之師（焦瑕溫原晉四邑）以納王于王城（丁巳在十月經書秋誤）

疏 注丁巳至秋誤○正義曰傳言冬十月丁巳杜以長厤推之丁巳是十月十四日經書此事在秋其下乃有冬知經誤

庚申單子劉蚠以王師敗績于郊（為子朝之黨所敗）前城人敗陸渾于社（前城子朝邑社周地○社市者反本或作杜下皆同）

昭廿二

○十二月庚戌晉籍談荀躒賈辛司馬督（司馬烏○督音篤）帥師軍于陰（籍談所軍）于侯氏（荀躒所軍）于谿泉（賈辛所軍鞏縣西南有明谿泉）次于社（司馬督所次）王師軍于氾于解次于任人（王師分在三邑洛陽西南有大解小解○氾音凡解音蟹任音壬）閏月晉箕遺樂徵右行詭濟師取前城（三子晉大夫濟師渡伊洛○行戶郎反詭九委反）軍其東南王師軍于京楚辛丑伐京毀其西南（京楚子朝所在）

昭廿二

傳二十三年春王正月壬寅朔二師圍郊（二師王師晉師也王師不書不以告）癸卯郊鄩潰（河南鞏縣西南有地名鄩中郊鄩二邑皆子朝所得○鄩音尋潰戶內反）丁未晉師在平陰王師在澤邑（平陰今河陰縣）王使告閒（子朝敗故○閒音閑）庚戌還（晉師還）

昭廿三

（格率銳師侵費滑胥靡是本為鄭邑今為周邑也）晉知躒趙鞅帥師納王使汝寬守闕塞（女寬晉大夫闕塞洛陽西南伊闕口也守之備子朝○知音智躒音歷女音汝本亦

昭廿六

古越光 一說 挾師 帥城 海濱 循海濱

齊取形陰寧地

の裔

公孫霍皆弒君黨。姓音生又作生或一音性

○晉人執戎蠻子赤歸于楚晉恥爲楚執諸侯故稱人以告若蠻子不道於其民也亦本屬楚故言歸。恥爲于僞反

○城

○夏楚人既克夷虎夷虎蠻夷叛楚者乃謀北方左司馬販申公壽餘葉公諸梁致蔡於負函三子楚大夫也此蔡之故地人民楚因以爲邑致之者會其衆也。販普版反字林匹綿反葉始涉反函音咸致方城之外於繒關負函繒關皆楚也。繒才陵反曰吳將泝江入郢逆流曰泝。泝音素郢以井反又以政反將奔命焉爲一昔之期襲梁及霍僞辭當備吳夜結期明日便襲梁霍使不知之梁河南梁縣西南故城也梁南有霍陽山皆蠻子之邑也單浮餘圍蠻氏蠻氏潰浮餘楚大夫。單音善潰戶內反蠻子赤奔晉陰地陰地河南山北自上雒以東至陸渾。渾戶門反司馬起豐析與狄戎楚司馬販也析縣屬南鄉郡析南有豐鄉皆楚邑發此二邑人及戎狄。析星歷反注同以臨上雒左師軍于菟和菟和山在上雒東也。菟音徒右師軍于倉野倉野在上雒縣使謂陰地之命大夫士蔑命大夫別縣監尹。監古銜反疏注命大夫至監尹。正義曰陰地者河南山北東西橫長其間非一邑也若是典邑大夫則當以邑冠之乃言陰地之命大夫則是特命大夫使揔監陰地故以爲別縣監尹也以其去國遙遠別爲置監楚官稱尹故以尹言之曰晉楚有盟好惡同之若將不廢寡君之願也不然將通於少習以聽命少習商縣武關也將大開武關道以伐晉。少詩照反又如字士蔑請諸趙孟趙孟曰晉國未寧安能惡於楚必速與之未寧時有范中行之難。難乃旦反士蔑乃致九州之戎九州戎在晉陰地陸渾者將裂田以與蠻子而城之以詐蠻子且將爲之卜卜城。爲于僞反下注同蠻子聽卜遂執之與其五大夫以畀楚師于三戶今丹水縣北三戶亭。畀必利反與也司馬致邑立宗焉以誘其遺民楚復詐爲蠻子作邑立其宗主。復扶又反而盡俘以歸

九州之戎

東の

隋唐戊

史部周五代宋元筆

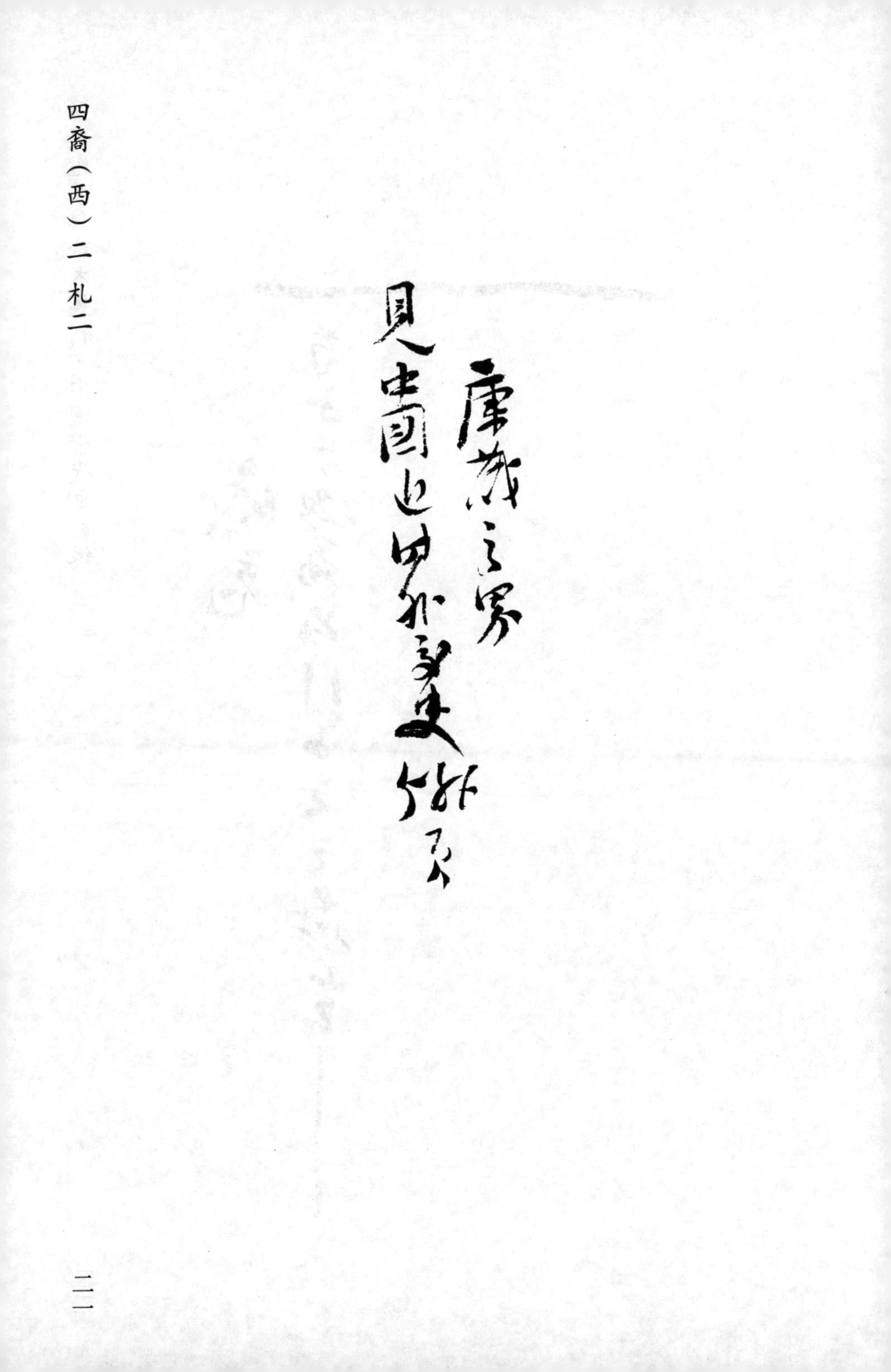

庫藏之寶

見中國近世外交史料[illegible]

民義

古學大綱稿出川丙之之吾埜去

裔の一

西方羌胡鞶鑑為古遺服

鄭伯之享王也王以后之鞶鑑予之后王后也鞶帶而以鑑為飾也今西方羌胡為然古之遺服○鞶步干反又蒲官反紳帶也鑑工暫反鏡也疏注后王至遺服○正義曰鞶是帶也鑑是鏡也此與定六年傳皆鞶鑑雙言則鞶鑑一物故知以鏡飾帶舉今羌胡之服以明之虢公請器王予之爵爵飲酒器鄭伯由是始惡於王○為傳二十四年鄭執王使張本惡烏路反又如字使所吏反疏虢公至於王○正義曰鄭伯謂厲公子文公也服虔云鞶鑑王后婦人之物非所以賜有功爵飲酒器玉爵也一升曰爵爵人之所貴者言鄭伯以其父得賜不如虢公為是始惡於王積而成怨傳二十四年遂執王使此為彼張本○冬王歸自虢傳言王之偏也

左莊廿一

衞の

舍於豚澤衞侯怒使彌子瑕追之〔彌子瑕衞嬖大夫○豚杜孫反嬖必計反〕公叔文子老矣〔文子公叔發〕輦而如公曰九

十三經注疏　春秋左傳五十五　定公上六年　二十九

人而效之非禮也昭公之難君將以文之舒鼎〔衞文公之鼎○難乃旦反〕成之昭兆〔寶龜〕疏〔九人至非禮○正義曰入其國門非也追伐其師亦非也九其罪而復效之爲非禮也下云效小人以棄之即云天將多陽虎之罪則公叔文子知此出入衞門是陽虎之討非魯公使然九人謂九陽虎也○文之至昭兆○正義曰賈逵云舒鼎鼎名昭兆寶龜杜依用之蓋衞文公鑄此鼎也其名曰舒不知其故成之昭兆成公新得此龜蓋以灼之出兆兆文分明故名爲昭兆〕定之鞶鑑〔鞶帶而以鏡爲飾也今西方羌胡猶然古之遺服○鞶又作盤步丹反又蒲官反鑑古暫反〕苟可以納之擇用一焉公子與二三臣之子諸侯苟憂之將以爲之質〔爲質求納魯昭公○質音致注同〕此羣臣之

定六

同○傳撻疾至裒聚○正義曰撻疾是速疾之意言伐楚之疾也述高宗而言殷武是殷王武丁也定本直云殷武武丁也荆是州名楚是國名故云荆州之楚也周有天下始封熊繹爲楚子於武丁之世不知楚君何人也罙者深入之意故爲深也裒聚釋詁○箋有鍾至士衆○正義曰有鍾鼓曰伐莊二十九年左傳文以其遠入險阻宜爲冒突之義故易傳爲冒也僖四年左傳稱楚大夫屈完對齊桓公曰楚國方城以爲城漢水以爲池雖君之衆無所用之服虔云方城山也漢水名皆楚之隘塞耳今言冒入其阻故知踰方城之隘戰勝必當俘虜言聚荆之旅故知俘虜其士衆也○箋緒業至功業○正義曰釋詁云業緒也反覆相訓緒得爲業是乃湯孫太甲之等功業言高宗此功同於太甲之等殷之諸賢王之功也太甲以下皆是湯孫故言之等以包之傳於那篇言湯孫者湯爲人子孫則此亦當然故王肅云於所伐截然大治是湯爲人子孫之業大武丁之伐與湯同

維女荆楚居國南鄉昔有成湯自彼氐羌莫敢不來享莫敢不來王曰商是常

鄉所也箋云氐羌夷狄國在西方者也享獻也世見曰王維女楚國近在荆州之域居中國之南方而背叛乎成湯之時乃氐羌遠夷之國來獻來見曰商王是吾常君也此所用責楚之義女乃遠夷之不如○氐都啼反世見賢遍反而背音佩

疏 箋氐羌至不如○正義曰氐羌之種漢世仍存其居在秦隴之西故知在西方者也享獻釋詁文氐羌遠夷一世而一見於王以經言來故解之云世見曰來王秋官大行人云九州之外謂之藩國世一見謂其國父死子繼及嗣王即位乃來朝是之謂世見也言維汝荆楚則是以言告楚故知此所用責楚之義謂未伐之前先以此言告之但此詩主美伐功故上章先言伐事此章盡五章以來更本其告責之禮耳

天命多辟設都于禹之績歲事來辟勿予禍適稼穡匪解

辟君適過也箋云多衆也來辟猶來王也天命乃令天下衆君諸侯立都於禹所治之功以歲時來朝覲於我殷王者勿罪過與之禍適徒勑以勸民稼穡非可解倦時楚不脩諸侯之職此所用告曉楚之義也禹平水土弼成五服而諸侯之國定是以云然○多辟音璧下同注放此王音辟邪也適直革反徐張革反注同韓詩云數也解音懈注同朝直遙反

疏 天命至匪解○正義曰此亦責楚之辭言上天之命乃令天下衆君諸侯建設都邑於禹所治功處謂布在九州也常以歲時行朝覲之事來見君王我殷王勿予之患禍不責其罪過唯告之以勸民稼穡之事非得有解惰而已王者之待諸侯其義如此而汝何得不脩諸侯之職不來朝見王也○箋禹平至云然○正義曰箋以諸侯之立其來久矣非由禹治洪水始建都邑而云設都於禹之績故作此言以解之皐陶謨云禹曰予惟荒度土功弼成五服至于五千注云荒奄也奄大九州四海之土數土既畢廣輔五服而成之至於面各五千里四面相距爲萬里堯制五服服各五百里要服之内四千里曰九州其外荒服曰四海禹所弼五服之殘數亦每服者合五百里故有萬里之界焉又禹貢云五百里甸服每言五百里一服者是堯舊服每服之外更言三百里二百里者是禹所弼之殘數也堯之五服服五百里耳禹平水土之後每服更以五百里輔之是五服服別千里故一面而爲差至於五千也賈逵馬融之說尚書云甸服之外每百里爲差所納總銍秸粟米者是甸服之外特爲此數其侯服之外每言三百二百里者還就其服之内別爲名耳非是服外更有其地也史記司馬遷說以爲諸小數者皆是五百里服之別名大界與堯不殊四面相距爲五千里耳王肅注尚書總諸義而論之云賈馬既失其實鄭玄尤不然矣禹之功在於平治山川不在於拓境廣土土

地之廣三倍於堯而書傳無稱焉則鄭之創造難可據信漢之孝武疲弊中國甘心夷狄天下戶口至減大半然後僅開緣邊之郡而已禹方憂洪水三過其門而不入未暇以征伐爲事且其所以爲服之名輕重顛倒遠近失所難得而通先王規方千里以爲甸服其餘均平分之公侯伯子男使各有寰宇而使甸服之外諸侯皆入禾藁非其義也史遷之旨蓋得之矣如肅之難非無理也鄭不然者何哉將以山川帶地土境不移前聖後聖義終一揆禹之所導山川也西被流沙東漸滄海南距衡山之陽北臨碣石之北經塗所宜萬有餘里若其所弼五服唯極五千而遠遊夷狄之表勞功荒服之外復何爲哉又周公制禮作爲九服蠻畿之內尚至七千舜禹之功不應劣於周世何由土境蹙促三倍狹於周世又外傳稱禹會諸侯于塗山執玉帛者萬國執玉帛者唯中國耳若要服之內唯止四千率以下等計之正容六千餘國況諸侯之大地方百里三等分土纔至數千安得有萬國之言乎唐堯之初協和萬國於時境界蓋應廣矣至於洪水滔天烝民不粒土地既削國數亦減故五服之界纔至五千洎乎禹治洪水地平天成災害既除大制疆域固當復其故地而至五千何云不在於拓境廣土也若云大禹之功不在拓境廣土則武王周公之功豈專以境界爲事而能使要服之內有

七千里乎且經稱弼成五服至於五千若五服之廣猶是堯之舊制何弼成之有乎而稱之以爲功也凡言至於者皆從此到彼之辭明是自京師而至於四境爲五千耳若其四面相距爲五千則設文從何而往而言至於哉漢之孝武德非聖人乘其六世之資而與夷狄角力及開緣邊之郡境界踰於萬里何由舜禹之境纔至五千此乃所以爲證非所以爲難也肅意將謂大禹之德不逮於漢武乎何其取譬之非類也先王作法遭時制宜甸服之外去京未遠使入禾藁復何傷乎而云非其義也鄭以尚書之文上下相校禹弼成五服至於禹貢歷數服名正合五千之數參之以周漢之域驗之於山川之圖則廣万里爲得其實故不從賈馬別爲此說

天命降監下民有嚴不僭不濫不敢怠遑命于下國封建厥福嚴敬也不僭不濫賞不僭刑不濫也封大也箋云降下遑暇也天命乃下視下民有嚴明之君能明德慎罰不敢怠惰自暇於政事者則命之於小國以爲天子大立其福謂命湯使由七十里王天下也時楚僭號王位此又所用告曉楚之義○僭子念反王天下于況反

疏 傳嚴敬至封大○正義曰嚴敬釋詁文襄二十六年左傳曰善爲國者賞不僭刑不濫賞僭懼及淫人刑濫懼及善人彼文又引此詩故知不僭不濫謂賞不僭差刑不濫溢也定四年左傳曰吳爲封豕長蛇是封爲大之義○箋降下至之義○正義曰降下遑暇釋言文明德慎罰康誥文中候契握曰若稽古王湯既受命興由七十里起孟子所云湯以七十里文王以百里案契爲上公受封舜之末年又益以土地則當爲大國過百里矣而成湯之起止由七十里蓋湯之前世有君衰弱土地減削故至於湯時止有七十里耳以此經責楚之辭而說成湯有明德而王天下矣明是於時楚僭慢王位故告曉之

商邑翼翼四方之極赫赫厥聲濯濯厥靈壽考且寧以保我後生商邑京師也箋云極中也商邑之禮俗翼翼然可則傚乃四方之中正也赫赫乎其出政教也濯濯乎其見尊敬也王乃壽考且安以此全守我子孫此又用商德重告曉楚之義○重直用反

疏 商邑至後生○正義曰此又責楚之辭言商王之都邑翼翼然皆能礼讓恭敬誠可法則乃爲四方之中正也赫赫乎顯盛者其出政教之美聲也濯濯乎光明者其見尊敬如神靈也故商王得壽考且又安寧以保守我後嗣所生子以我商家之德盛明如此汝何故敢背叛不從我化乎

以楚不識商之明德故告曉之

陟彼景山松栢丸丸是斷是遷方斲是虔松桷有梴旅楹有閑寢成孔安

丸丸易直也遷徙虔敬也梴長貌旅陳也寢路寢也箋云椹謂之虔升景山掄材木取松柏易直者斷而遷之正斲於椹上以爲桷與衆楹路寢旣成王居之甚安謂施政教得其所也高宗之前王有廢政教不脩寢廟者高宗復成湯之道故新路寢焉○斷音短注同斲陟角反說文云斫也虔其連反爾雅作椹桷音角梴丑連反又力鏈反柔梴物同耳字音鏈俗作易以豉反下同椹陟金反掄魯門反擇也沈音倫理也

疏 陟彼至孔安○毛以爲高宗前王有廢於政教不脩寢廟者高宗旣伐荆楚四方無事乃使人升彼大山之上觀松柏之木丸丸然易直者於是斬斷之於是遷徙之又方正而斲之於是之時工匠皆敬其事不惰慢也以松爲屋之榱桷有梴然而長陳列其楹有閑然而大及寢室旣成王居之而甚安矣美其能脩治寢廟復故法也○鄭以榱又爲椹言正斲於椹上又以旅爲衆唯此爲異餘同○傳丸丸至路寢○正義曰易直者言其滑易而調直也徙謂徙之來歸也虔敬旅陳釋詁文桷者椽也椽以長爲善故梴爲長貌王之所居路寢是寢之尊者故知謂路寢也箋云不解閑義梴爲桷之長貌則閑爲楹之大貌王肅云桷楹以松栢爲之言無彫鏤也陳列其楹有閑大貌○箋椹謂至寢焉○正義曰椹謂之榩釋宮文孫炎曰椹斲材質也以其方論斲斫楹桷不宜言敬故易傳也地官山虞云凡邦工入山掄材不禁注云掄猶擇也此經丸丸之文在斲遷之上是謂擇取易直者故言升景山掄材木也言爲桷與衆楹則訓旅爲衆也以其方始斲之未宜已爲陳列故易傳也居寢所以行政不得所王者不安故知居之甚安謂施政教得其所也今美高宗之能脩寢廟明是前王有廢政教不脩寢廟者也案殷本紀盤庚崩弟小辛○崩弟小乙立崩子武丁立盤庚始遷於殷明卽爲寢廟其不脩者蓋小辛小乙耳未知誰世故不斥言經止有寢耳箋并言廟者君子將營宮室宗廟爲先明亦脩廟故連言之經無廟者詩人之意主美寢也

氐人國　又十六、十頁互人之國

山海經十、五頁

閩濮二十六頁 氐羌

又十八、七頁

文公二十七年伐南
山大梓豐大特集解引徐廣曰今武都故道有怒特祠圖大牛上
生樹本有牛從木中出後見於豐水之中正義引括地志曰云大
梓樹在岐州陳倉縣南十里倉山上錄異傳云秦文公時雍南山
審是元年以後所續崇嫌而豐王襄
有大梓樹文公伐之輒有大風雨樹生合不斷時有一人病夜往
山中聞有鬼語樹神曰秦若使人被髮以朱絲繞樹伐汝汝得不
困邪樹神無言明日病人語聞公如其言伐樹斷中有一青牛出
走入豐水中其後牛出豐水中使騎擊之不勝有騎墮地復上髮
解牛畏之入不出故置髦頭漢魏晉因之武都郡立怒特祠是大
梓牛神也案大梓大特蓋戎所祀之神中國人因以稱其部落猶
猶國號扶桑氏稱白馬是時大梓部蓋在南山大特種則在豐水

三國蜀志秦宓傳 宓言：禹生石紐，今之汶山郡是也。注：帝王世紀曰：鯀納有莘氏女曰志，是爲修己，修己生禹於石紐。譙周蜀本紀曰：禹本汶山廣柔縣人也，生於石紐[redacted]

禹の

續郡國志蜀郡廣柔注引帝王世紀曰禹生石紐
縣有石紐邑華陽國志曰禹人營其地方百里不
敢居牧有過逃其野中不敢追云畏禹神能藏
三年為人所得則共原之云禹神靈佑之

也然卒并天下非必險固便形勢利也蓋若天所助焉或曰東方物所始生西方物之成孰夫作事者必於東南收
功實者常於西北故禹興於西羌【集解】皇甫謐曰孟子稱禹生石紐西夷人也傳曰禹生自西羌是也【正義】禹生於茂州汶川縣本冉駹國皆西羌湯起于亳【集解】徐廣曰京兆杜縣有亳亭
周之王也以豐鎬伐殷秦之帝用雍州興漢之興自蜀漢

修路因得輸章程　庚子約

教案

賠款　[illegible]　[illegible]欠除書由[illegible]准　庚子約

協定稅率　庚子年增加見

廓清[illegible]
有力保護國
1910

國際　修約　方全

（晏嬰）——即八百

（紀遇）之亂　十六姓種人——重華建對

（吳隱之）晉孔汪傳　吾猶鄉邦之譽　晉書陶侃本傳

宋書劉穆之傳（卷四十二）——中書令（自中興之）

康有爲，雅有格致精以才學南國有用可考

順治清理南東南輔嗣封南郡後

劄十九號貴

敬[redacted]往返二十四年二月初接[illegible]蘇鐵[illegible]

[redacted]國[illegible]兩次[illegible]中國[illegible]請[illegible]遵[illegible]

一函[redacted]遵[illegible]本[illegible]付[illegible]壽[illegible]請[illegible]仰[illegible]

[illegible]論向[illegible]撒札[illegible]千戶[illegible]舉[illegible]入

[illegible]王壽[illegible]部[illegible]汗[illegible]安

[illegible]部付[illegible]

乞

[illegible]國[illegible]土[illegible]

[illegible]與[illegible]部[illegible]

[illegible]

甘馬錫巴西師　言一役于伊犁南界
仍歸故土　一移居布魯特
二十年春哈密回紀多爾濟言
理藩部之儀是也　大和卓霍集占今榜刺移攸克
月奏之
此等日多伊犁　時回紀伊犁乃降
明瑞與將烏錫巴　經歷護之　相之子孫名將之　陳諸
奏言伊犁可取　然廿碌金榜子儀
乾隆出　光緒大破金榜殺　將郡侯　覆攸
比年伊犁　危急　遂入儀甘　時出　因其和闐

巴

史事

言而不行也然即敢問今有平原廣野於此被甲嬰冑漢書賈誼傳顏注云嬰加也畢云說文云嬰頸飾也將往戰死生之權權疑當作機未可識也又有君大夫之遠使於巴越齊荊左傳桓九年杜注云巴國在巴郡江州縣常璩華陽國志云巴黃帝高陽之支庶世為侯伯周武王克商封其宗姬于巴爵之以子七國稱王巴亦稱王周慎王五年秦遣張儀司馬錯伐蜀滅之因取巴執王以歸置巴郡往來及否未可識也舊本重及否未三字王云此當作往來及否未可識也畢王校是也今据刪然即敢問不識將惡也俞云惡下挩從字將

巨洋水洋古亦作洋
洋水出臨朐

説文校議大卷二十八洋字下条

小注

廿一

鄧妹

怨東苟夕秘書連州之事了眼之府鄧米緣

二府賦

地理

論衡七道虛篇淮南王雞犬升仙說

如天之門在西北升天之人宜從崑崙上

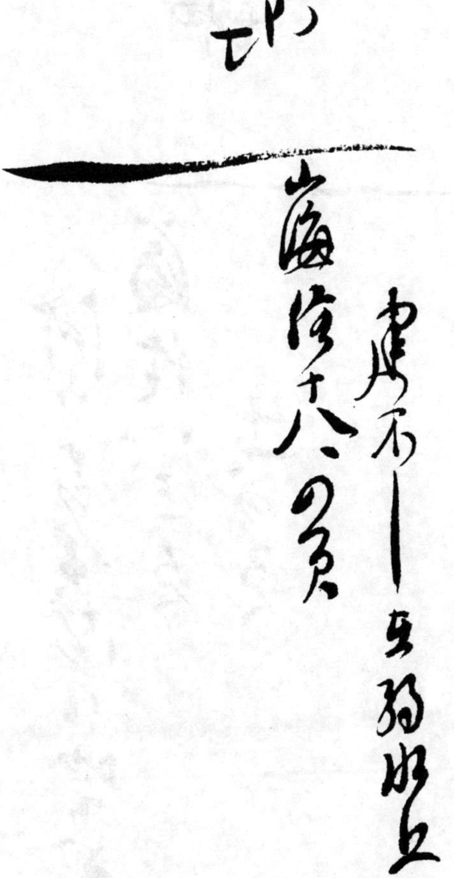

地

河出崑崙潛行地下至葱嶺復出

蔡傳八之三反

十一之反

地

海經八、三万 積石

十一、の万

十七、三万

叩名

霸石

海倫十一、の五月號

勉集漢畫何以羿為吉帝后羿者

三言羿紅羿韓紛共同之意

穆天子傳文山即岷山｜即汶山

山海經五引葉凡岷山之首條

壽拂

書之敘

勸學讀書記全稿務處君御制頒大雲精

勸學僕

諸兩信誤此今喇嘛精之讀之咒內陀一品

皆作梁之初

導水　弱水

導弱水至于合黎合黎水名在流沙東。弱本或作溺合如字黎力兮反馬云地名

疏導弱水。正義曰此下所導凡有九水大意亦自北爲始以弱水最在西北水又西流故先言之黑水雖在河南水從雍梁西界南入南海與諸水不相參涉故又次之四瀆江河爲大河在北故先言河也漢入於江故先漢後江其濟發源河北越河而南與淮俱爲四瀆故次濟次淮其渭與洛俱入于河故後言之計流水多矣此舉大者言耳凡此九水立文不同弱水黑水流水不出于山文單故以水配其餘六水文與山連既繫於山不須言水積石山非河上源記施功之處故云導河積石言發首積石起也漾江先山後水淮渭洛先水後山皆是史文詳略無義例也又淮渭洛言自某山者皆是發源此山欲使異於導河故加自耳鄭玄云凡言導者發源於上未成流凡言自者亦發源於上未成流必其俱未成流何須別導與自河出崐崘發源甚遠豈至積石猶未成流而云導河也。傳合黎至沙。正義曰弱水得入合黎知合黎是水名顧氏云地說書合黎山名但此水出合黎因山爲名鄭玄亦以爲山名地理志張掖郡刪丹縣桑欽以爲導弱水自此西至酒泉合黎張掖郡又有居延澤在縣東北古文以爲流沙如志之言酒泉郡在張掖郡西居延屬張掖合黎在酒泉則流沙在合黎之東與此傳不合案經弱水西流水既至于合黎餘波入于流沙當如傳文合黎在流沙之東不得

至于餘波入于流沙　弱水餘波西溢入
西也　流沙。蓋言過

兵

夷の

巴俞舞

漢禮樂志巴俞鼓員三十六人，此言巴之人也，俞之人也。當高祖初為漢王，巴俞人並趫捷善鬥，與之定三秦，滅楚，因存其舞武樂也。巴俞之樂因以名也。巴即今之巴郡，俞即今之渝州，各其本地。

磨

蜀　宣方

周書世俘：庚子，陳本命伐磨，百韋命伐宣方，新荒命伐蜀。乙巳，陳本、新荒蜀磨至，告禽霍侯、艾侯，俘佚侯小臣四十有六，禽御八百有三十兩，告以馘俘。百韋至，告以禽宣方，禽御三十兩，告以馘俘。百韋命伐厲，告以馘俘。

集訓校釋：梁曰：磨即磨之譌，疑國名，紀歷商。

附僕國。盧曰：黃歇說秦，割濮磨之北，磨即濮也。

磨讀為麻。艾，番我作文。三十，崔以說作三百。

城

宕渠郡、、長老言宕渠蓋故賨國今有賨城盧

結舫水居五百餘家之 言涪陵郡、、多獽蜑之民（一，廿）

江州、、地勢剛險皆重屋累居數有火害又不相容

北地郡、、廢多羌雜種（一廿）

爲漢高帝募賨民從范目秀侯月後漢居

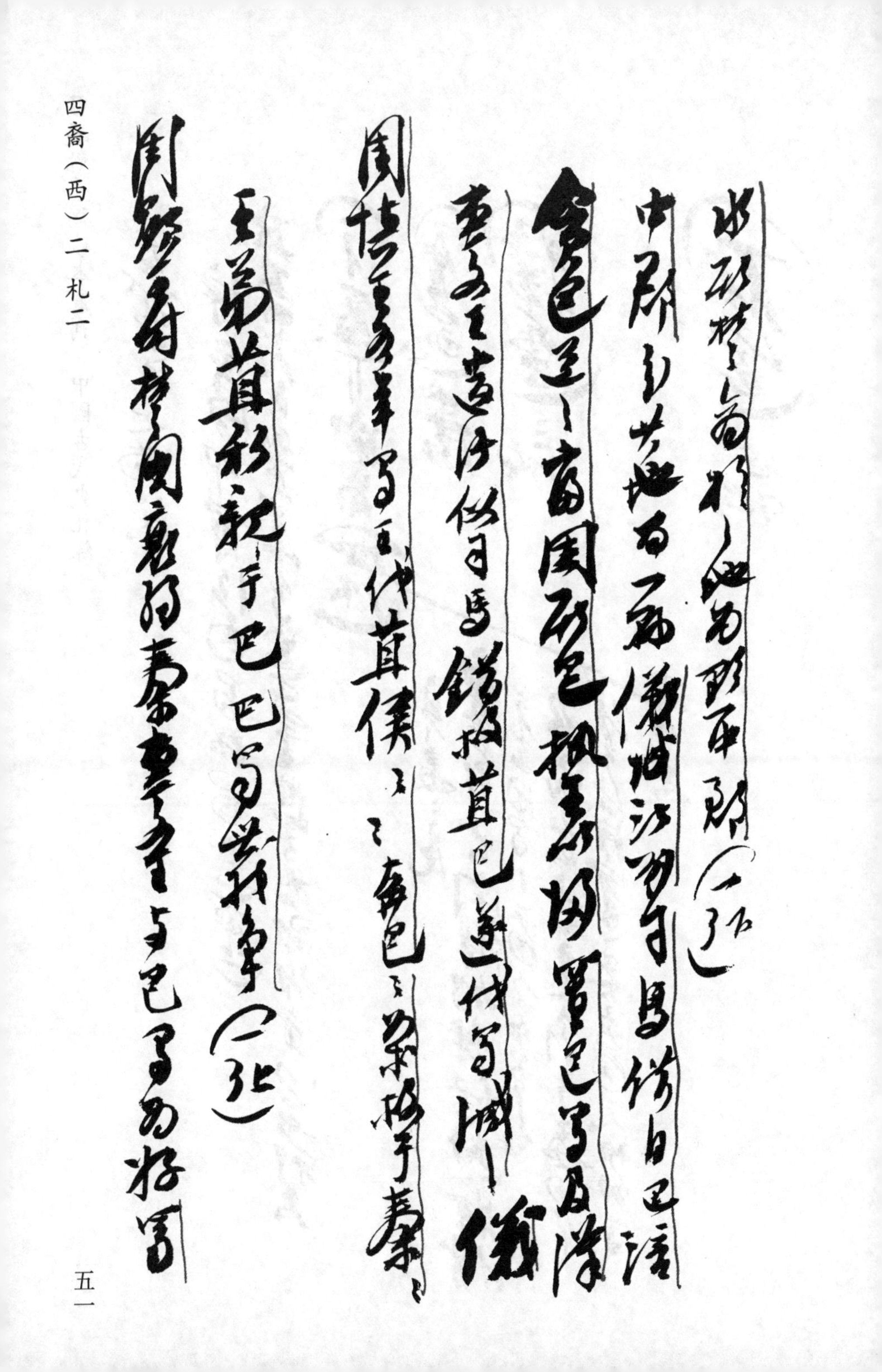

二、後漢書之南中志

守度降郡皆治西舊路（西中志）（正牂）

其先大中都尉[illegible]字[illegible]生遷世南郡邪方，以其郡大

（于壽）、曾（四）[illegible]

（聖豪）[illegible]

（搖壘）三四

（不定）三北

身毒之民

[illegible]郡名閩僕始撲僳之釋僕

[illegible]因[illegible]國[illegible]也

[illegible]以來四[illegible]行[illegible]

[illegible]國[illegible]尺[illegible]

西中志

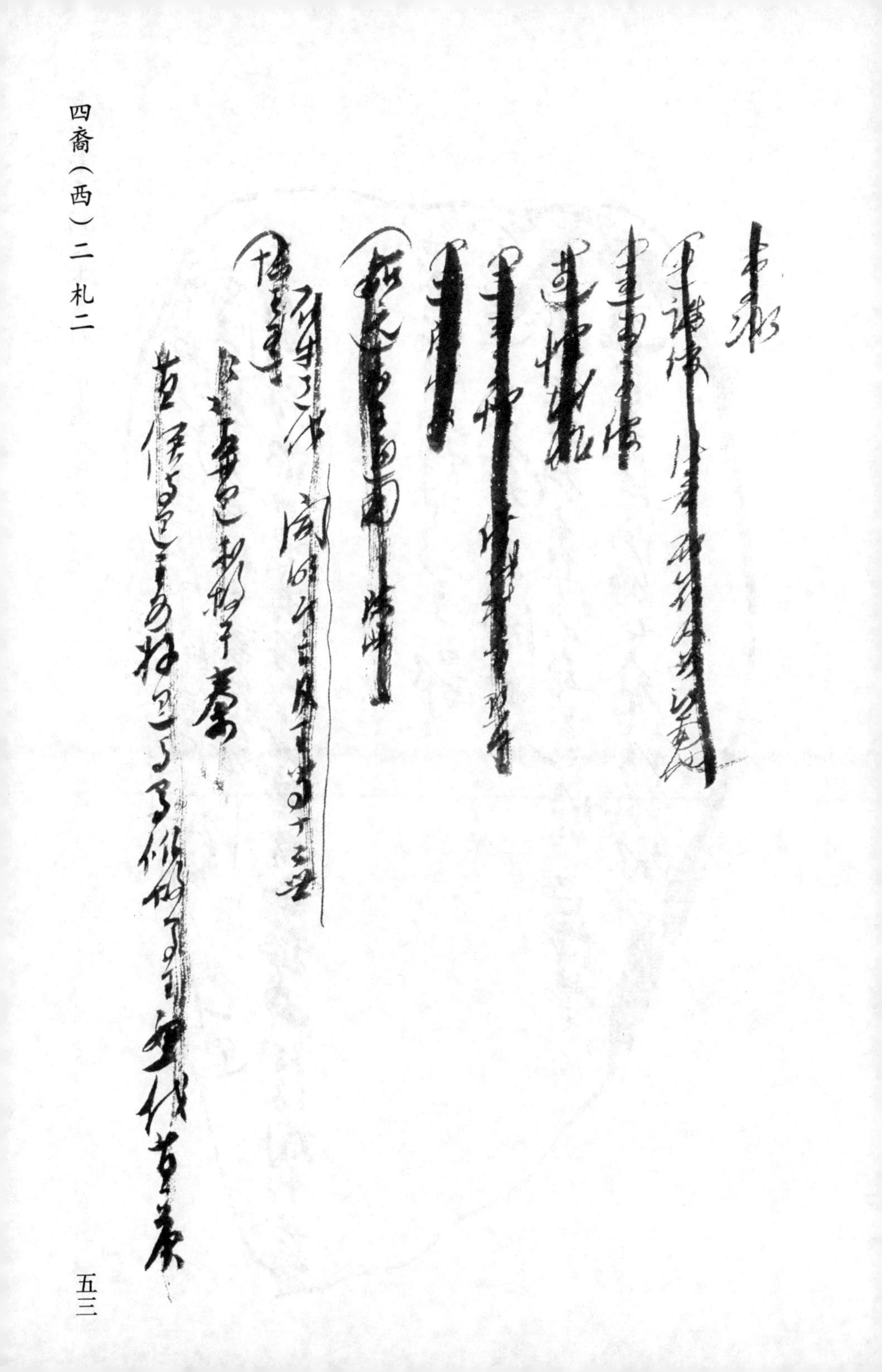

秦并巴以其地置巴郡[illegible]閬及渝閬

又陵墓多在枳，其畜牧在沮

巴子時雖都江州，或治墊江，或治平都，後治閬中也

94下1

（哀18）巴人伐楚，圍鄾。

（文16）與秦楚共滅庸。

（莊18）巴楚伐申，楚人驚(人驚巴)師。巴伐楚。

（桓九）巴子使韓服告楚，請與鄧為好。

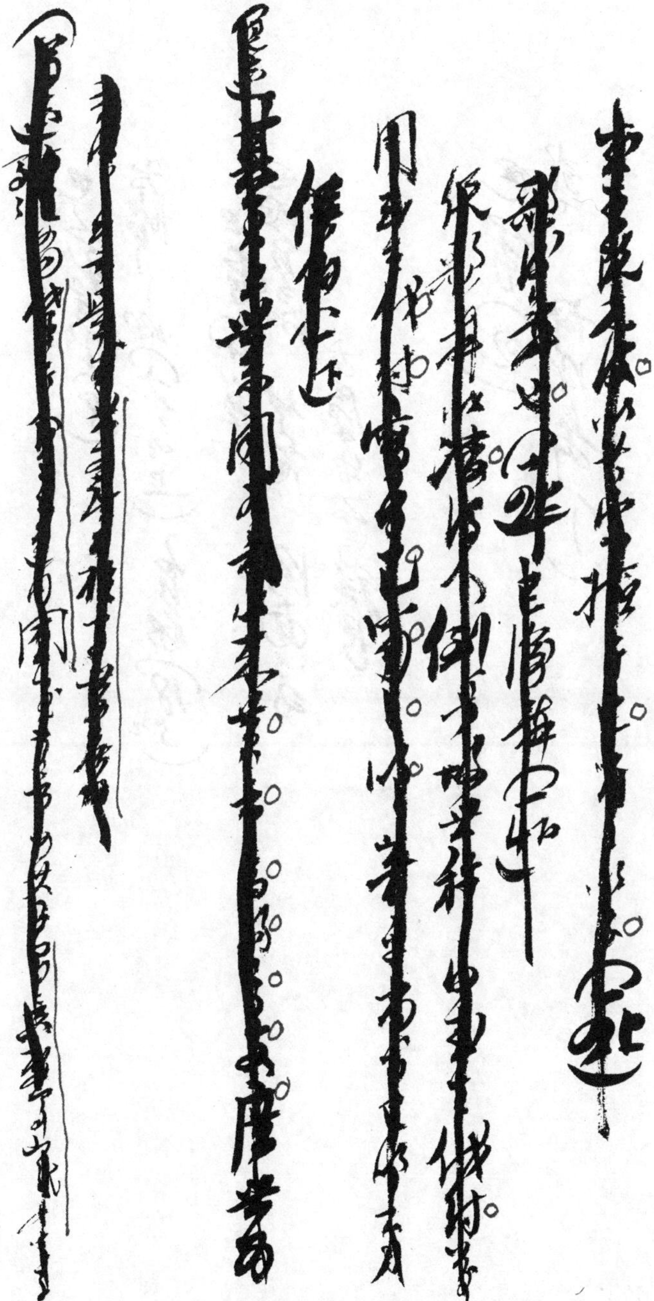

巴人[illegible]（8）

大皞之國（十七之上） 貨殖（18 52）

上庸（十、五） 林相 濮南[illegible]

巴地[illegible]

[illegible]生[illegible] [illegible]

巴[illegible]（2）

求子 許[illegible]年（下）

弟

梓瑩字

修論一·二

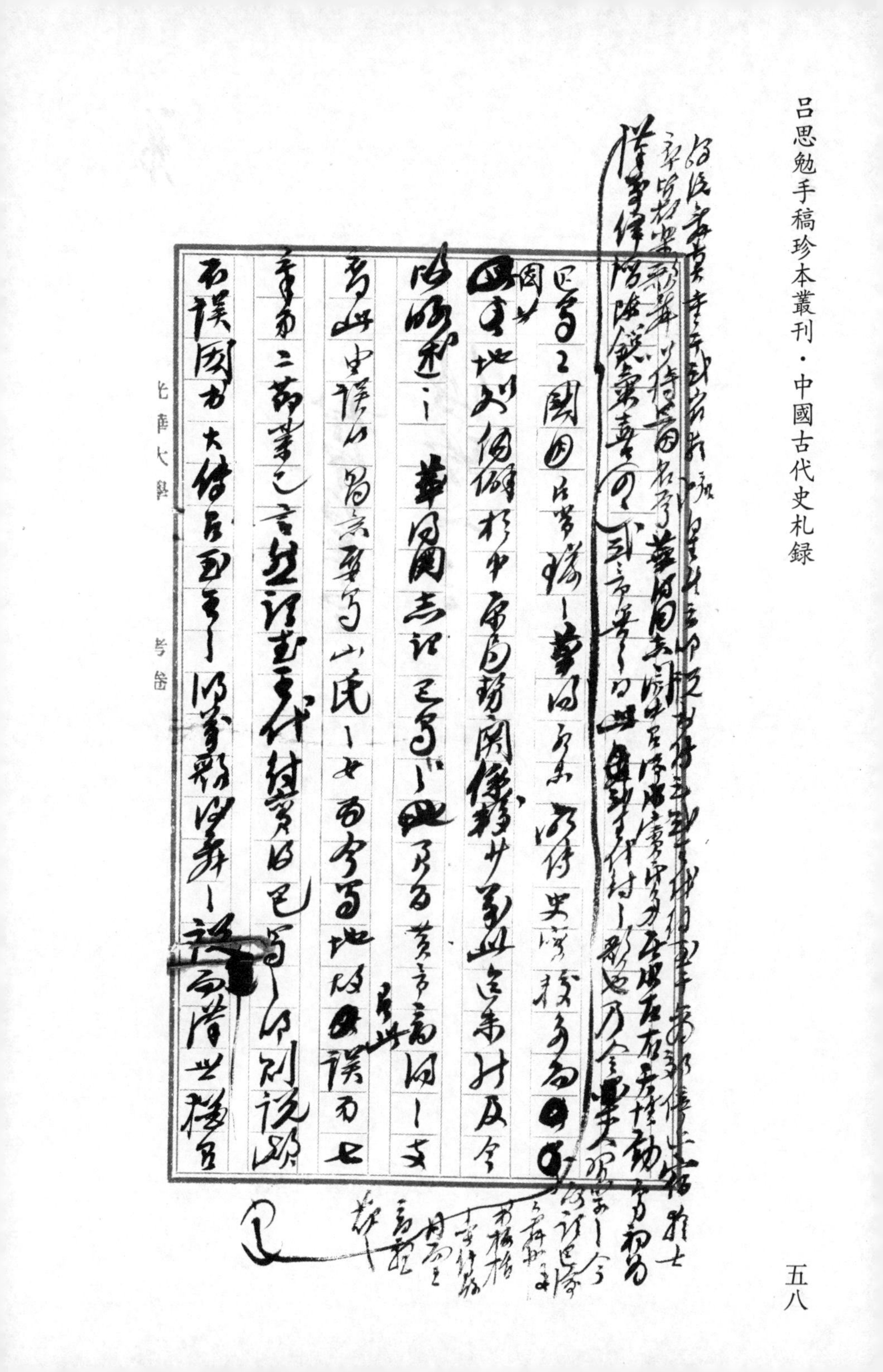

[illegible]

光華大學 考卷

江州　墊江　平都　閬中

湔山

郫邑　瞿上

所謂邑聚皆此也。[illegible]

[illegible]

[illegible]　江州　墊江　平都　閬中　[illegible]

閬治閬〻一詞也

[illegible]

故俗以石棺石槨為縱目人冢也

蜀侯蠶叢其目縱始稱王死作石棺石槨次王曰柏濩

次王曰魚鳧〻〻王田於湔山忽得仙道蜀人思之為

立祠後有王曰杜宇教民務農〻〻移治郫邑或治瞿上

一號杜主

[illegible]

七國稱王杜宇稱帝號曰望帝更名蒲卑會有

自以功德高諸王乃以褒斜為前門熊耳靈關為後戶玉壘峨眉為城郭江潛綿洛為池澤以汶山為畜牧南中為園苑

水災其相開明決玉壘山以除水害帝遂委以政事

……禪位……開明帝升西山隱焉……號曰叢帝

……生盧帝……盧帝攻秦至雍生保子帝……保子帝攻青衣雄張

獠僰九世有開明帝……帝稱王……徙治成都　周

顯王之世蜀王有褒漢之地因獵谷中與秦惠王遇惠王以金

蜀王報珍玩之物物化為土惠王怒

望山

光緒七年　考卷

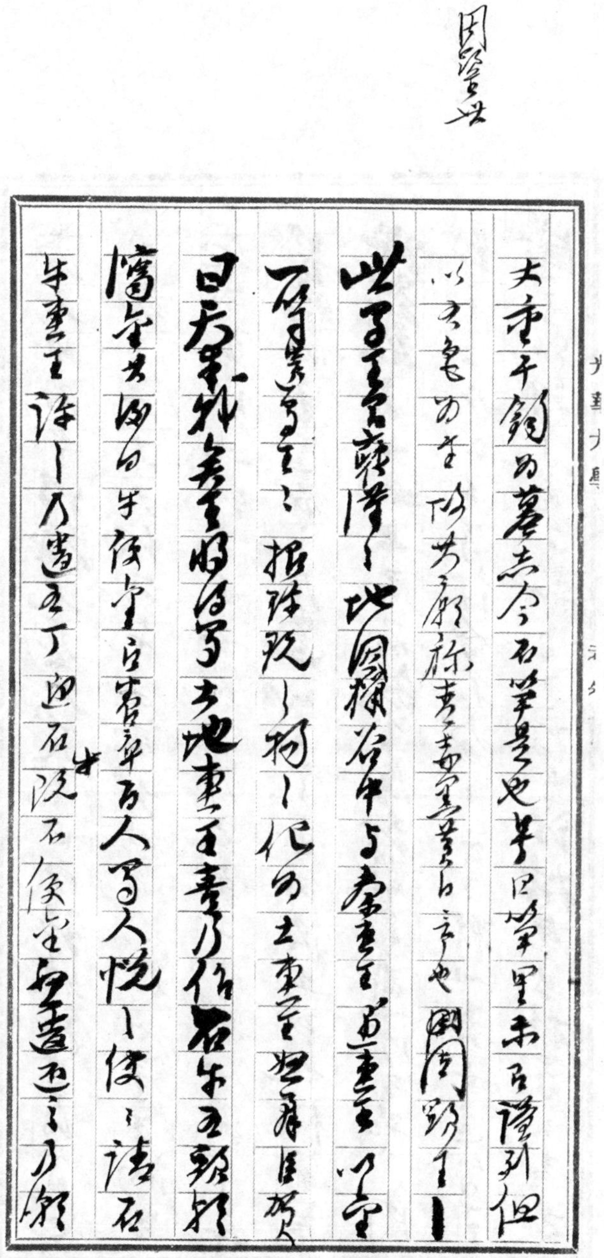

頁廿三

秦人曰東方牧犢兒秦人笑之曰吾雖牧犢當得蜀也
武都有一丈夫化為女子美而豔蓋山精也蜀王納為妃
妃不習水土欲去王必留之乃為東平之歌以樂之無
幾物故蜀王哀之乃遣五丁之武都擔土為妃作冢
地數畝高七丈上有石鏡~~今成都北角武擔是也~~用
顯王二十二年蜀侯使朝秦秦惠王數以美女進蜀王
感之故朝焉惠王知蜀王好色許嫁五女於蜀蜀遣五

梓潼

葭萌

丁迎之，還到梓潼，見一大蛇入穴中，一人攬其尾掣之，不禁，至五人相助，大呼拽蛇，山崩時，壓殺五人及五女，并將從。[illegible]

[illegible]

[illegible]

蜀王別封弟葭萌於漢中，號苴侯，命其邑曰葭萌焉。苴侯與巴王為好，巴與蜀仇，故蜀王怒伐苴侯，苴侯奔巴，求救於秦。

觀堂

蜀王
武陽
逢鄉
白鹿山

五年秦大夫張儀司馬錯都尉墨等從石牛道伐蜀

、王自於葭萌拒之敗績王遁走至武陽為秦軍所害

其傅相及太子退至逢鄉死於白鹿山開明氏遂亡凡

王蜀十二世

~~儀貪巴苴之富因取巴執王以歸置巴蜀及漢中郡分~~

其地為三十一縣儀城江州司馬錯自巴涪水取楚商於

地為黔中郡

光華大學　淺箋

團種言之華壽畫言事了重團為了俟以陰州為相當也

郎少津蓄為了曾國守刑伯為陸乃殺畫亮万家當〻

三事為邑為雲淳年郎

六筆諦州反報了俟面團壽遠陸長廿茂淺後了為錯後

伐了諸諦州

七年影〻揮為了俟可為錯中〻為

十四年了傷揮望山川獻信程書文手揮佯母畫太寵加

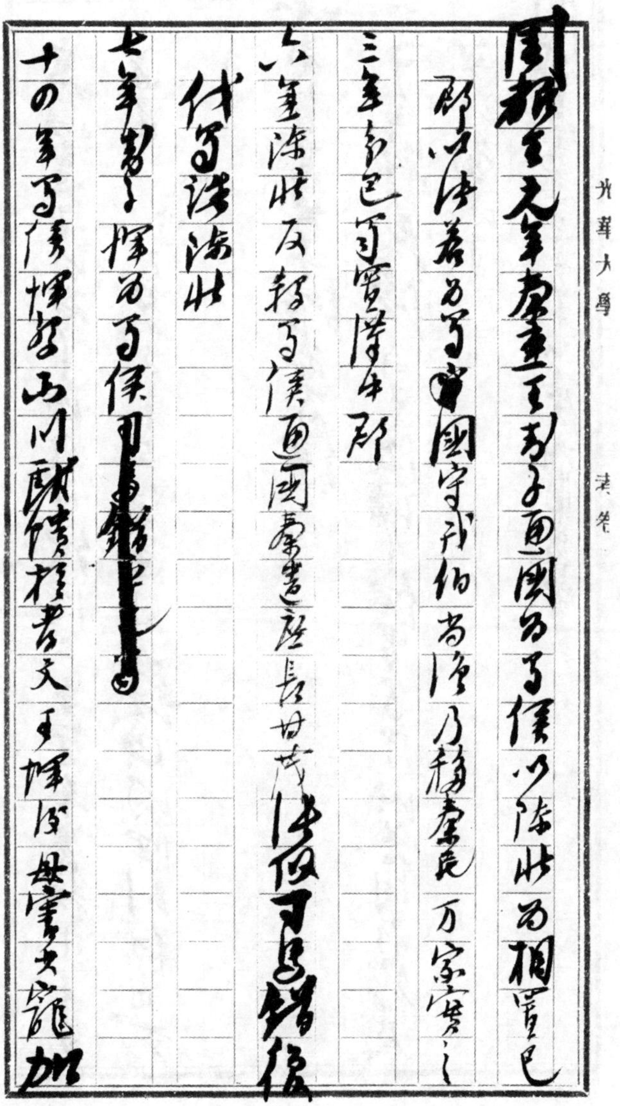

秦以違令將蒙恬[illegible]二千里未嘗戰之[illegible]

道[illegible]三郡[illegible]遣司馬錯[illegible]使自殺

——

十六年[illegible]

二十年[illegible]反王復誅之[illegible]守[illegible]及

[illegible]南也[illegible]

閩越[illegible]

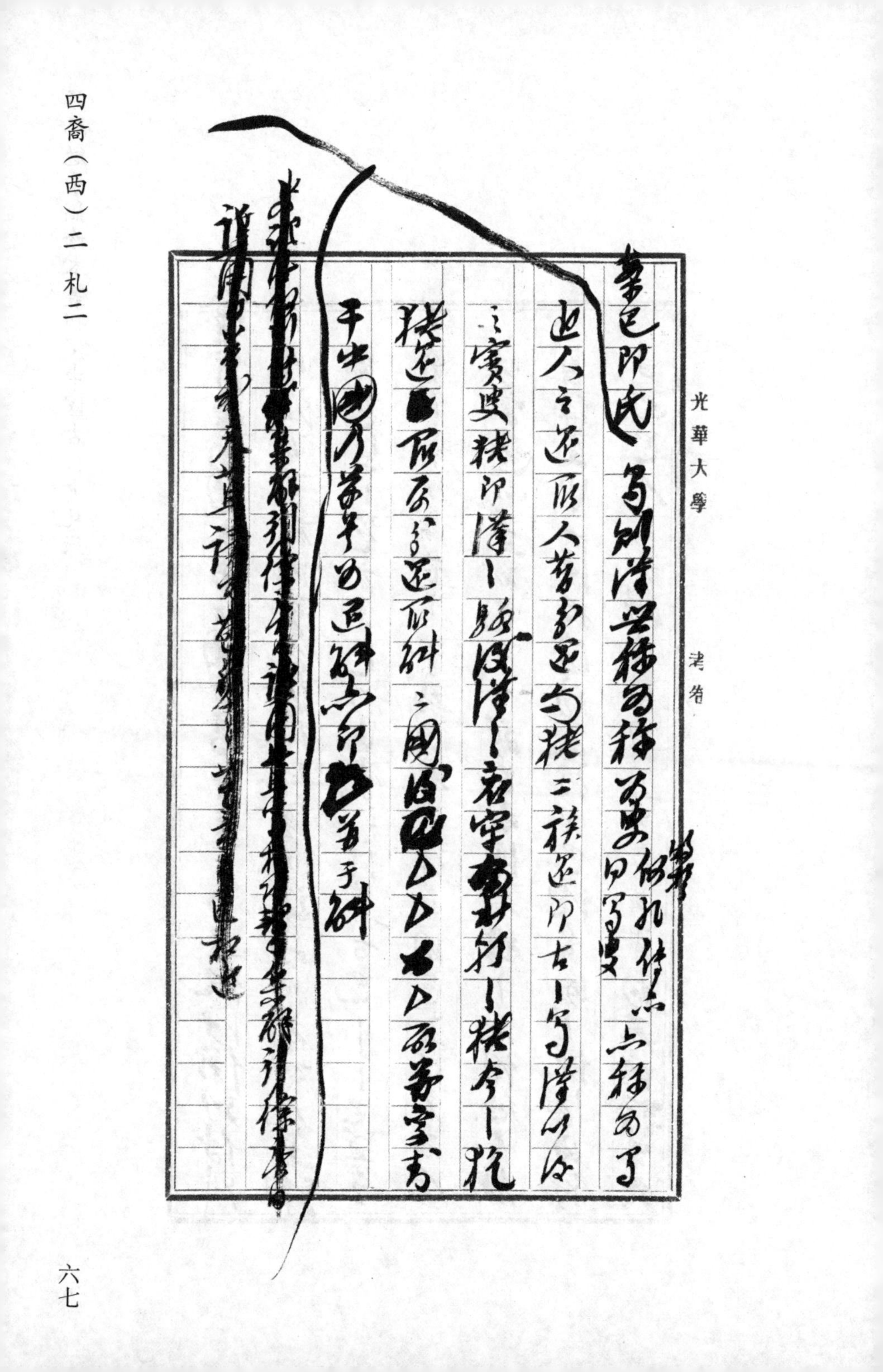

光華大學　考卷

[illegible]

[illegible]

[illegible]

[illegible]

[illegible]

[illegible]

[illegible]

[illegible]

苴　華陽國志曰蜀苴為蜀王之弟，而史記張儀列傳作
遂作苴蜀相攻擊。索隱引譙周曰：益州天苴讀
為苞黎之苞，音與巴相近。索隱謂苴音巴，苴苴也，苴葉
名苴苴，案張伯苴苴苴，蓋巴人、巴郡本用苴為名，而
其字遂以苴為巴。巴巴巴則巴亦他人稱之之詞，彼族
自稱氏也。山海經海內南經有巴蛇食象之說，海內經
又明巴人為太皞之後，可見其本在某處，居民極多九

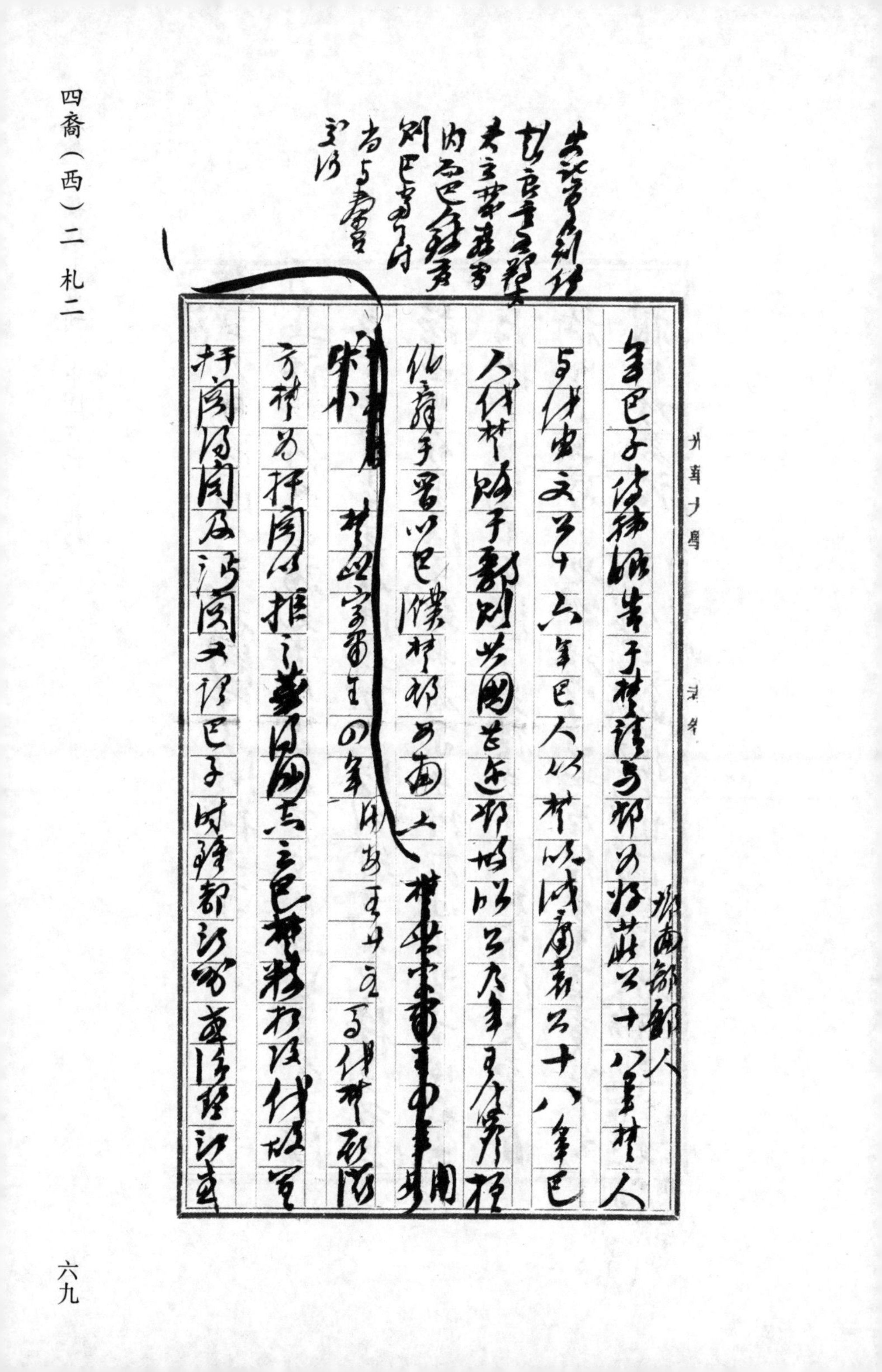

[illegible]

武注此卽後從閬中董林因時乃漸徙入巴

蜀。史記三代世表褚先生曰：蜀王黃帝後世也，至今在漢

西南五千里，常來朝降，輸獻於漢，非以其先之有德，澤流後世

蠶叢長於雲陵方據，示本蜀年陛相承之黃帝後世子

孫也。〻〻〻蜀王本紀云：朱提有男子杜宇，從天而下，自

稱望帝，亦蜀王也。則杜宇與世原傳出于黃帝其不

相干格矣。

水經江水注引來敏本蜀論曰：荊人鱉令死，其尸隨水上，荊人求之不得也。令至汶山下復生，起見望帝。望帝者，杜宇也，從天下。女子朱利自江源出，為宇妻，遂王於蜀，號曰望帝。望帝立以為相。時巫山

（之二）秦本紀

陝西寫明有底方作今圖[illegible]

秦厲公二年蜀人來賂　表同

[illegible]通蜀以陸路通之[illegible]

二十六年（貫十七）左庶長城南鄭　表同

自以後石[illegible]蒙之以圖釋乎

躁公二年（貫十八）南鄭反　紀表同

以蔡（四三〇）

惠公十三年（貫十九）伐蜀取南鄭　紀　表寫取南鄭

惠文王元年　蜀以二　蜀人來朝　表

秦南鄭州是為秦蜀往來不出於道　於到自躁公二年

至惠公十三年（南鄭）屬于蜀因此證秦以褒斜為孔道

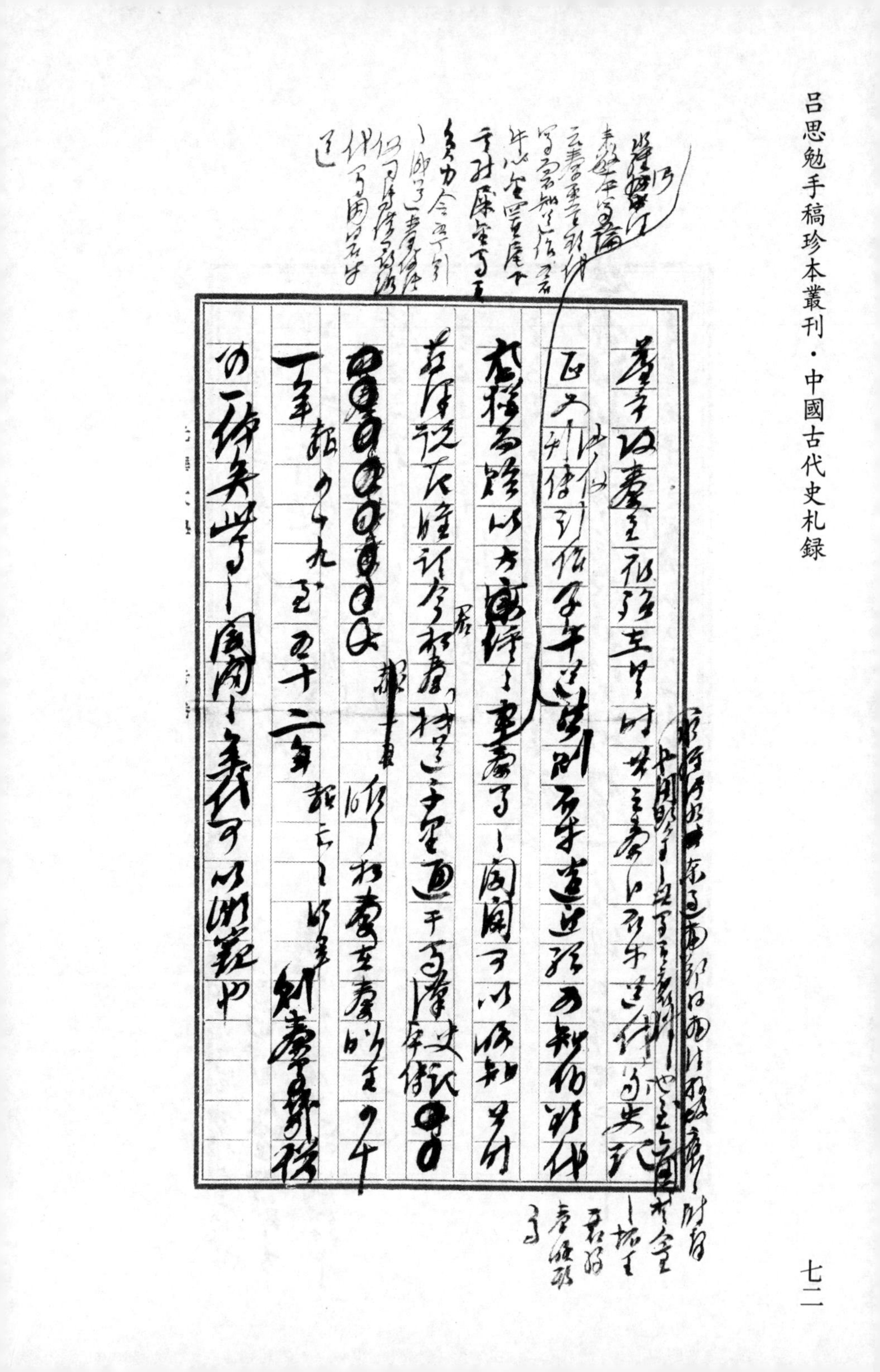

[illegible]

元之二　六十八　六廿八　秦十五　漢卅二　後紀五　韶二

（秦本紀）厲共公二年蜀人來賂　六國表同

（六國表）二十六年左庶長城南鄭　紀多

（本紀）躁公二年南鄭反　表同

（秦紀）惠公十三年伐蜀取南鄭　表蜀取我南鄭

（惠文王）元年楚韓趙蜀人來朝

（紀）九年司馬錯伐蜀滅之　表後九年（十四年前為元年）擊蜀滅之　似發脫字又十五年不依陰莊打印　第二五

（紀）十一年公子通封蜀　表公子繇通封蜀

哲の

韶五

郝十の

十四年丹犁臣蜀伐楚取召陵　正義二戎號也臣伏於蜀蜀相殺蜀侯

并丹犁二國降秦在蜀西南姚府管内

本西南夷戰國時滇國　相壯殺蜀侯來降（表蜀相殺蜀侯）

唐初置犁州丹州也

陳

武王元年誅蜀相壯（表同）伐義渠丹犁

（紀）昭襄王六年蜀侯煇反　華陽國志……蜀侯惲祭山川獻饋于王……

加毒以進王王怒使司馬錯賜煇劍此煇不同也　司馬錯定蜀　表蜀侯煇反司馬錯往誅蜀守煇

蜀守

類卌七 紀二十七年,又使司馬錯發隴西,因蜀攻楚黔中,拔之。

類卌八 紀三十年,蜀守若伐楚,取巫郡及江南,為黔中郡。

類卌九 紀三十一年,楚人反我江南。正:黔中郡反歸楚。

表 楚:楚肅王臧四年,蜀伐我茲方。[illegible]

世家 肅王四年,蜀伐楚,取茲方。正義:古今地名云:荊州松滋縣古鳩茲地,即茲方是也。於是楚為扞關以拒之。索隱:郡國志:巴郡魚復縣有扞關。

○蘭 西

漢更樓蘭爲鄯善索勱往屯田

此事不見漢書見水經河水注 二卷乃頁

四裔西

耿恭府守排西域國城

見通鑑注

四裔西

三隴沙

魏略三國志注引玉門關西出發都護井回三隴沙北頭

疑即水經河水注所云三沙 卷二十七頁

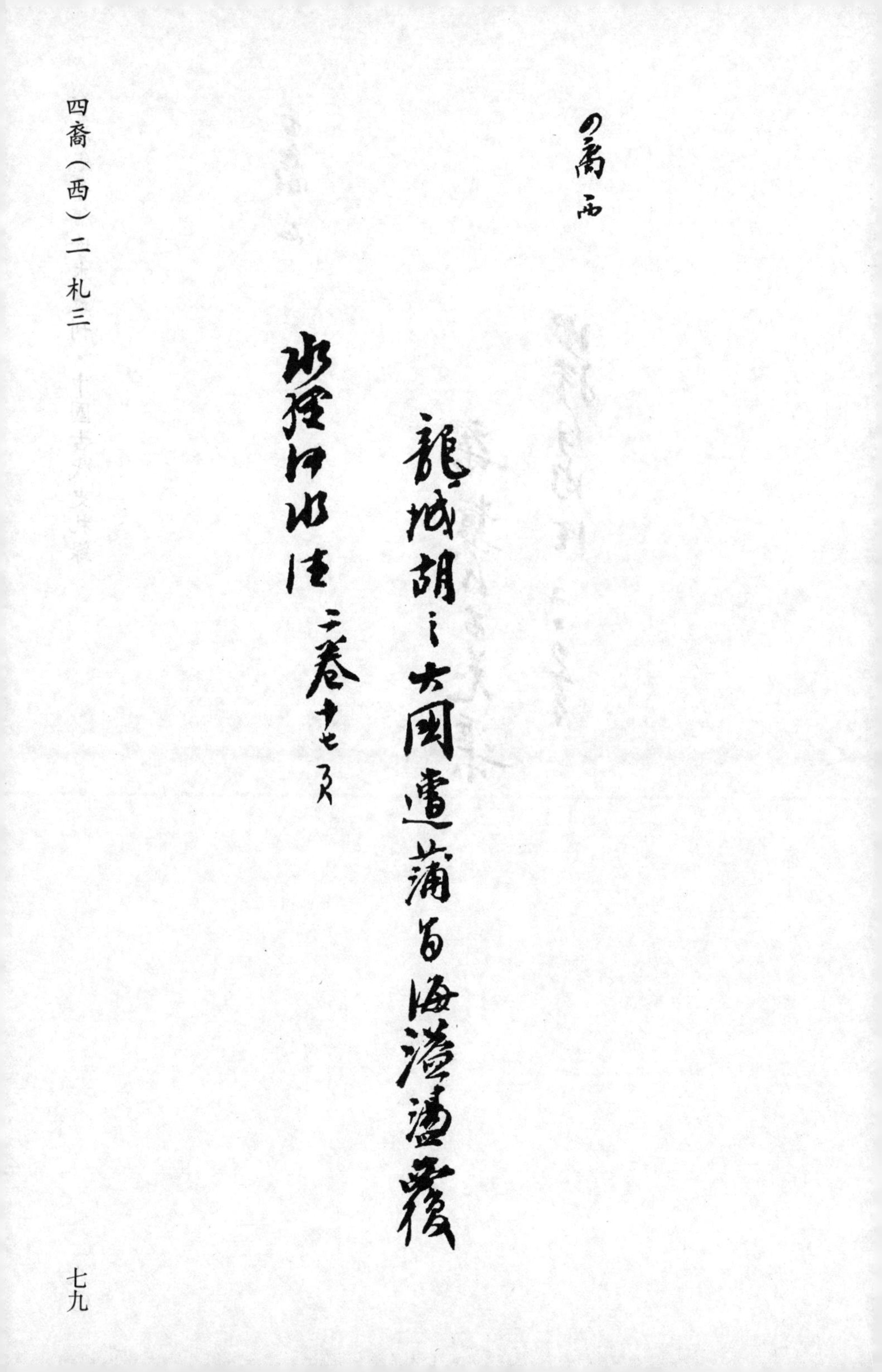

四裔 西

龍城胡之大國遺蒲萄海落霞

此條何必注 二卷十七頁

四蘭正

梁冀以西羌渠

此稿自明注 二〇〇四年

四裔西

龍夷城故西零地王莽西海郡治

郡國涼州注 二·一九 三·三六

湟水有勒且之右

東印勒姐同二の十

大小榆谷

同上廿

段熲擊羌石城

同上廿二

馬武追擊羌於東西邯

同上卅

刀劍 西

漢書山國書作墨山奪去墨字師古遂
生臆解

出擾河北注 二卷十六頁
蒲昌海去玉門陽關千三百里箋以漢
書皆奪千字

又 二卷十七頁

四齋 西

南道唐代已湮今更甚

此經日照法二卷十八[illegible]

史林

辨訛（三）

老圃

凡有果之物皆有花俗稱無花果非無花也特其花隱於果中人未之見耳若取未熟之果剖而視之則知無花之稱爲大謬太平廣記阿譯波斯呼爲阿譯拂林呼爲底欐樹長丈四五枝葉繁茂葉有五出似蜱麻無花而實實赤色類蜱子似乾柿而一年一實此即無花果也其物由西域輸入本非中華所產阿譯波斯語作ezir或作hzir 底欐亞剌伯語作 tine或作tin 此唐代之譯名猶可考者也

佛經有優曇花具言優曇鉢羅udambar'a 亦即此花華嚴經音義優曇此云希有也此花多時乃一開故有曇花一現之說蓋印度之種其花一現而不常故曰希有花尋常無花果其花常隱而不現故曰無花也

辨訛（四）

老圃

吾國植物諸名有沿用外國語而忘其爲外國語者如葡萄苜蓿石榴臙脂藷蔗茉莉之類是也有沿用外國語曆有年所仍一望而爲外國語者如阿芙蓉泊夫蘭淡巴姑金雞納之類是也有來自外國但標明外國產而不立新名者如西瓜菠菜胡桃西番蓮之類是也有來自外國而由中華人別立新名者如蠶豆靛青脂麻大蒜鳳仙花無花果之類是也要未有中華土產而用外國名者有之則自頻果始華嚴經脣口丹潔如頻婆果慧苑音義曰頻婆果者其果似此方林檎然則中華人當言林檎不當言頻果也今日本人猶稱林檎獨用漢名而中華人稱頻果則用梵名矣林檎之稱始於左思蜀都賦太平廣記引洽聞記林檎或稱朱奈或稱聯珠果或稱文林郎果而俗稱頻婆果知頻果之稱唐世已有之蓋當時崇梵語猶今世少年喜向本國人操英語矣

商

殷以前文化與印度西北皆關係

見嘉文化鑑眼頁卅

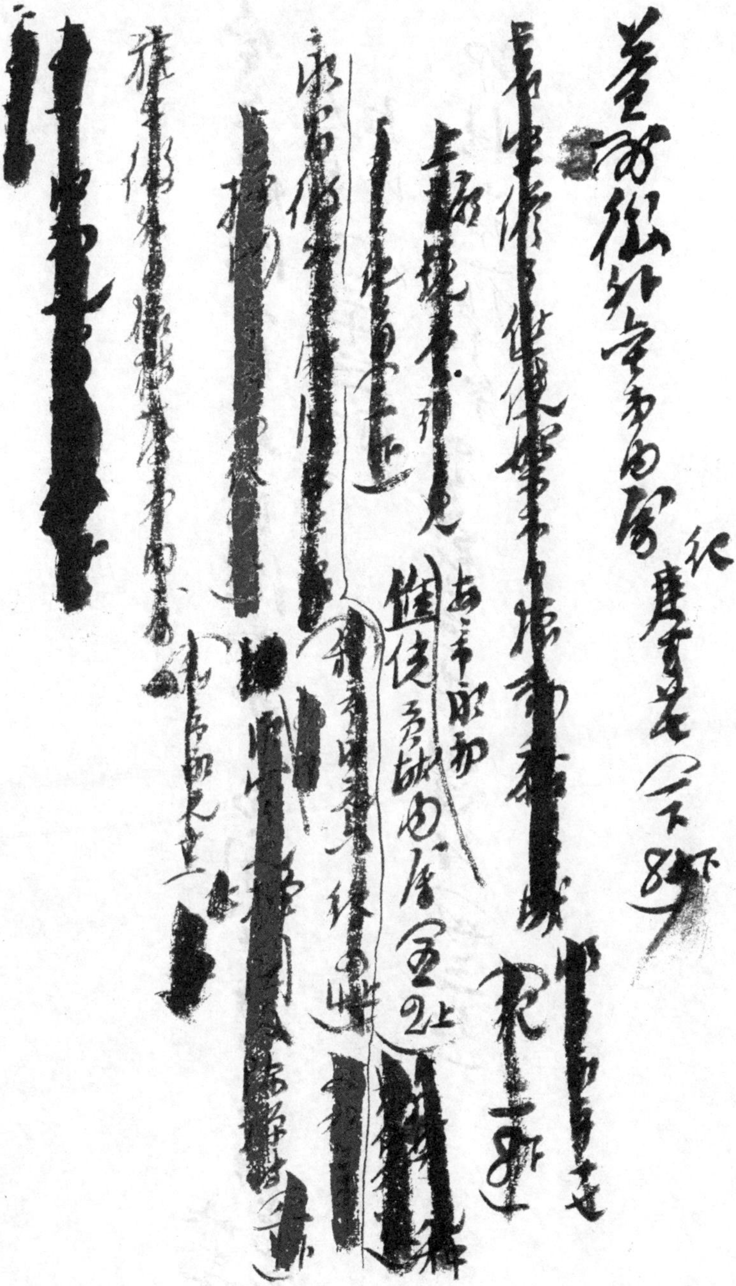

令多給僕人毛令良僕人家家不閉戶共牛分財署耶　廿七葉

令多相任（三十三之下）

印綬之印花之秀　又有郡屬國國遣任（卅三之一）

弟の

續古郎閣志蜀郡嶽之有印樊九我搜出印刻

置冶丁印啸山平安印諸坊印人諸人寫之

第四。

肆而質韰應劭曰貯積也肆放也韰狹也如淳曰文肆者楚辭遠游乘龍之言也質韰者恨世不用己而自沈也師古曰麗服謂扈江離與辟芷紉秋蘭以爲佩之類是也韰音械資娵娃之珍髢兮鬻九戎

孟康曰娵閭娵也娃吳娃也髢髮也賴得也九戎被髮髢雖珍好無所用也師古曰娵娃皆美女也賴利也言屈原以高行仕楚亦猶資美女之髢賣於九戎而求其利必不得也娵音子踰反娃音烏佳反髢音徒計反韋昭曰娵當作[illegible]梁王魏嬰之美人曰閭娵

鳳皇翔於蓬陼兮豈駕鵝之能捷應劭曰蓬陼蓬萊之陼在海中晉灼曰捷及也師古曰駕鵝野鳥名也解在司馬相如傳駕音加○蕭該音義曰案駕字亦作鴐音加宋祁曰字林云鴐鵝鳥似鴈鴐音柯騁驊騮

以曲囏兮驢騾連蹇而齊足師古曰驊騮駿馬名也其色如華而赤也言使駿馬馳騖於屈曲艱阻之中則與驢騾齊足也驊音華連音力展反囏古艱字○蕭該音義曰騮音留俗作駵宋祁曰以字疑作於枳棘之榛

榛兮蝯貁擬而不敢下師古曰榛榛梗穢貌也蝯善攀援貁似獼卬鼻而長尾擬疑也榛音臻又土臻反貁音弋授反靈修既信椒蘭之唼佞兮吾纍忽焉而不蚤睹服虔曰靈修楚王也

蘇林曰椒蘭令尹子椒子蘭也師古曰蚤古早字也唼佞讒言也唼音妾○宋祁曰韋昭曰唼音祖臘反鄭音接蘇音詩唼唼幡幡之唼蕭該音義按詩作捷衿芰茄之綠衣兮被夫容之朱裳應劭曰衿音衿系之衿衿帶也

芰陵也師古曰衿音其禁反茄亦荷字也見張揖古今字譜披音披又音皮義反○宋祁曰注文字譜一作字詁芳酷烈而莫聞兮不如襞而幽之離房師古曰襞疊衣也離房別房也襞音壁閨中容競

淖約兮相態以麗佳應劭曰眾士競善猶女競容也師古曰淖約善容止也相態以麗佳言競爲佳麗之態以相傾也淖音綽○宋祁曰監本并上二句兮字下皆有固字知眾嫭之嫉妒兮何必颺纍之

蛾眉晉灼曰離騷云眾女嫉余之蛾眉師古曰嫭美貌也颺古揚字也蛾眉形若蠶蛾眉也此亦譏屈原自舉蛾眉令眾嫉嫭音胡故反省古眉字○宋祁曰韋昭曰嫭音呼言其目如茱萸之拆也刑謨嫭出故反當作胡故反蕭該音義丁故反淳化本火故反省一本作眉顏注蛾眉字下當有謂眉字眾嫉字下當有之字懿神龍之淵潛俟慶雲而將舉亡春風之被離兮孰焉知龍之所處晉灼曰龍俟風雲而後升士須明君而後進

揚雄作反離騷

帝〇

共〆汗與〇呈府祝乃已呈惹一
料畫一三年写滿民及輕之入
李代年

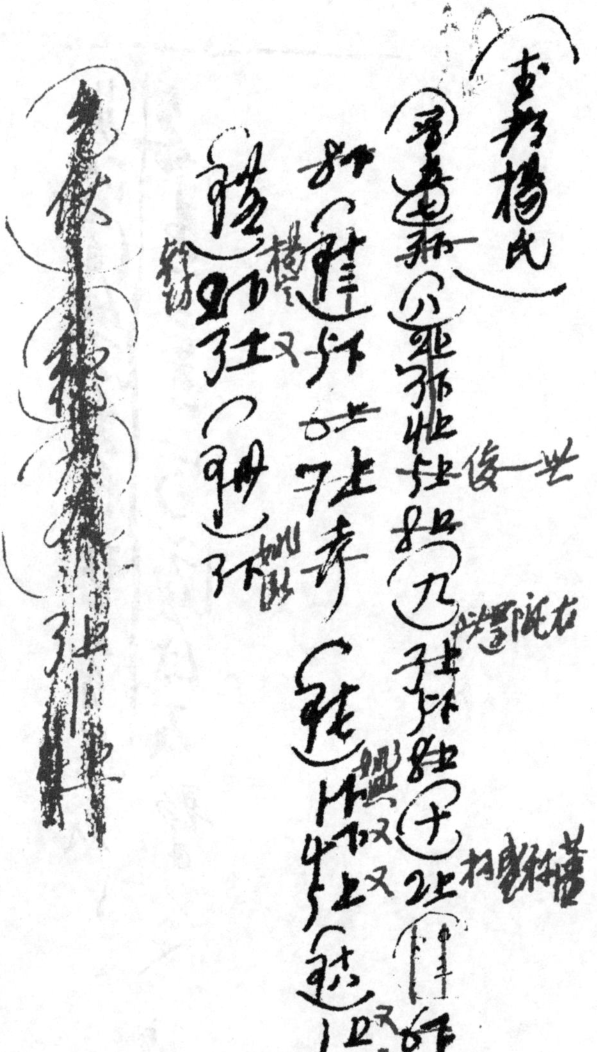

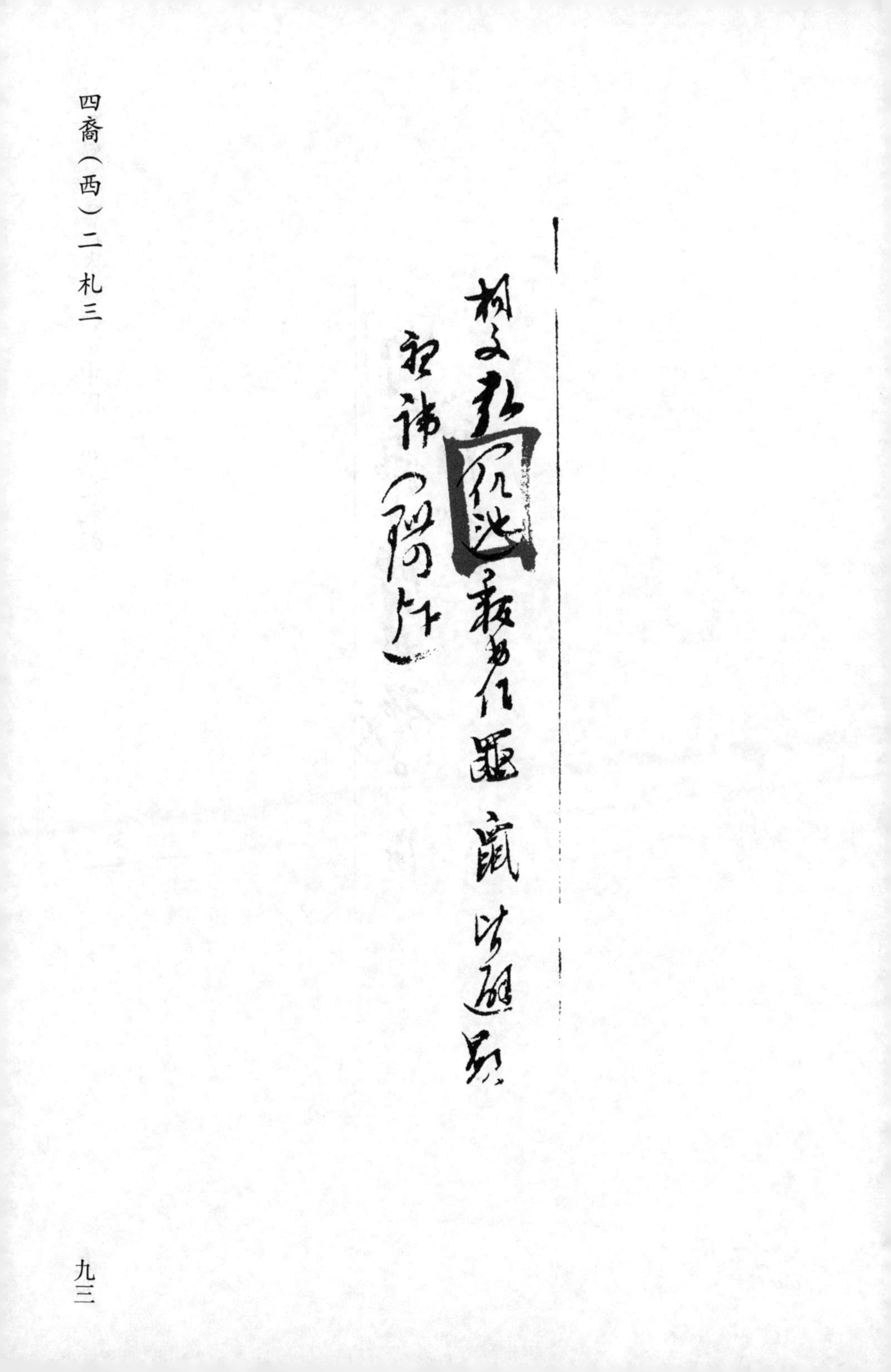

桐文兄（九池）我為作匾 竄 請題遐是

和諦（附件）

仇池王楊子倫附魏拓跋子之誤

（隋史）

覃村郭□□村郭伯村
有者郭分任為者
（□三郎）

胡雞有彼村保宗鎮舉一筆 亭
亭 胡差至謹（□三郎）

伍池

夷

西域

大宛[illegible]事 卷[illegible] 頁一〇二〇[illegible]

[illegible]種異[illegible]之南方大山[illegible]

毛長二尺餘[illegible]

則清[illegible]與其代頭[illegible]人之速行[illegible]

西居[illegible]氏[illegible]之[illegible]已及大宛[illegible]大[illegible]

之毛[illegible]大[illegible]入大不[illegible]

[illegible]大[illegible]古[illegible]記載[illegible]

宛中者[illegible]毛[illegible]似[illegible]

附上中華從同識辨異傳之說來自海外
列子言周穆王西征得火浣之布列子雖寓言
然於周時已來有火浣布之國其書亦著世語
正傳無聞火浣布之所出人，惟此布不見
然其遺聞異譜及言之火浣布之猶存物耳
其物曰石絨之說在阿物之擬物託物 asbest
出產亦不一成色不一作白色或灰色或灰綠色之細
長纖維而構成者可織而為布亦有節屈頂

槽鍋用以解火此猶古無炊之奇帶御盛出之勢
宋徽宗時世第一盤皆爲至御附御爲中樽
襯鞄之屬之器祖始作宦鄉人書探此物以供
御用羅作致寶壽得兩所飽所餘聖像印
之器殆不免遺也

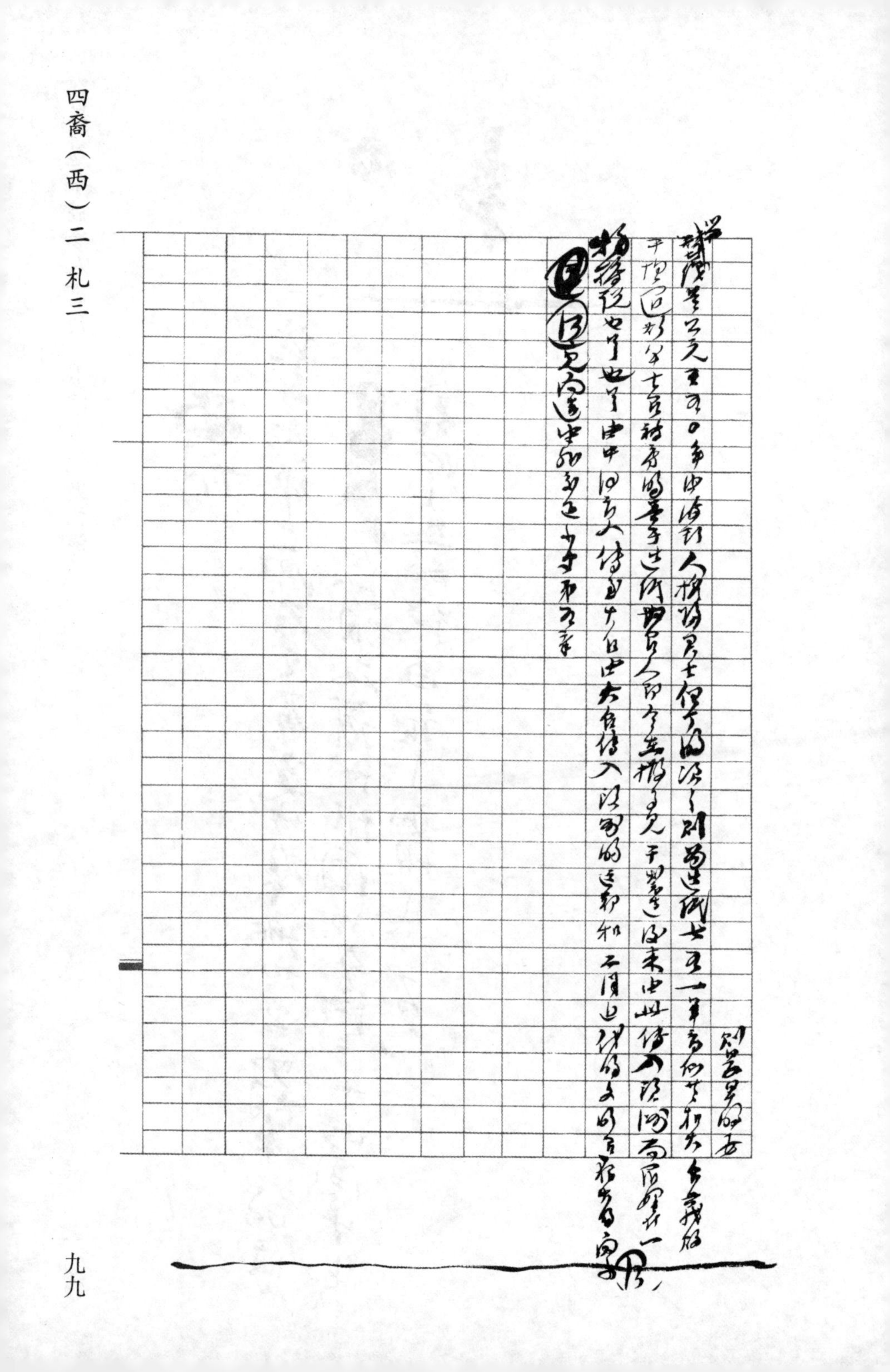

[illegible]

四夷

西胡

讀史西部　那居之君之北單那也吾西胡中論者

[redacted]西胡西域也唯周曰西域三十六國皆是

引四西域記文語而胡人言

二、洛陽伽藍記 印北白人一家 470—480 間

正光元（520）宋云惠生經乾陀羅 以嚈噠滅乾陀羅立敕勤為王已 [illegible]

印度

北方之白氏六□ 上干 來至此 由波斯至薩珊朝衛突 再北

西向犍陀羅印度笈多王朝盛 月氏乃西遷 遂 亡了共和[illegible]

□檣河 印 杜佳河 Peshawar

□和時（432—452）薄羅城 Oxus 之南岸

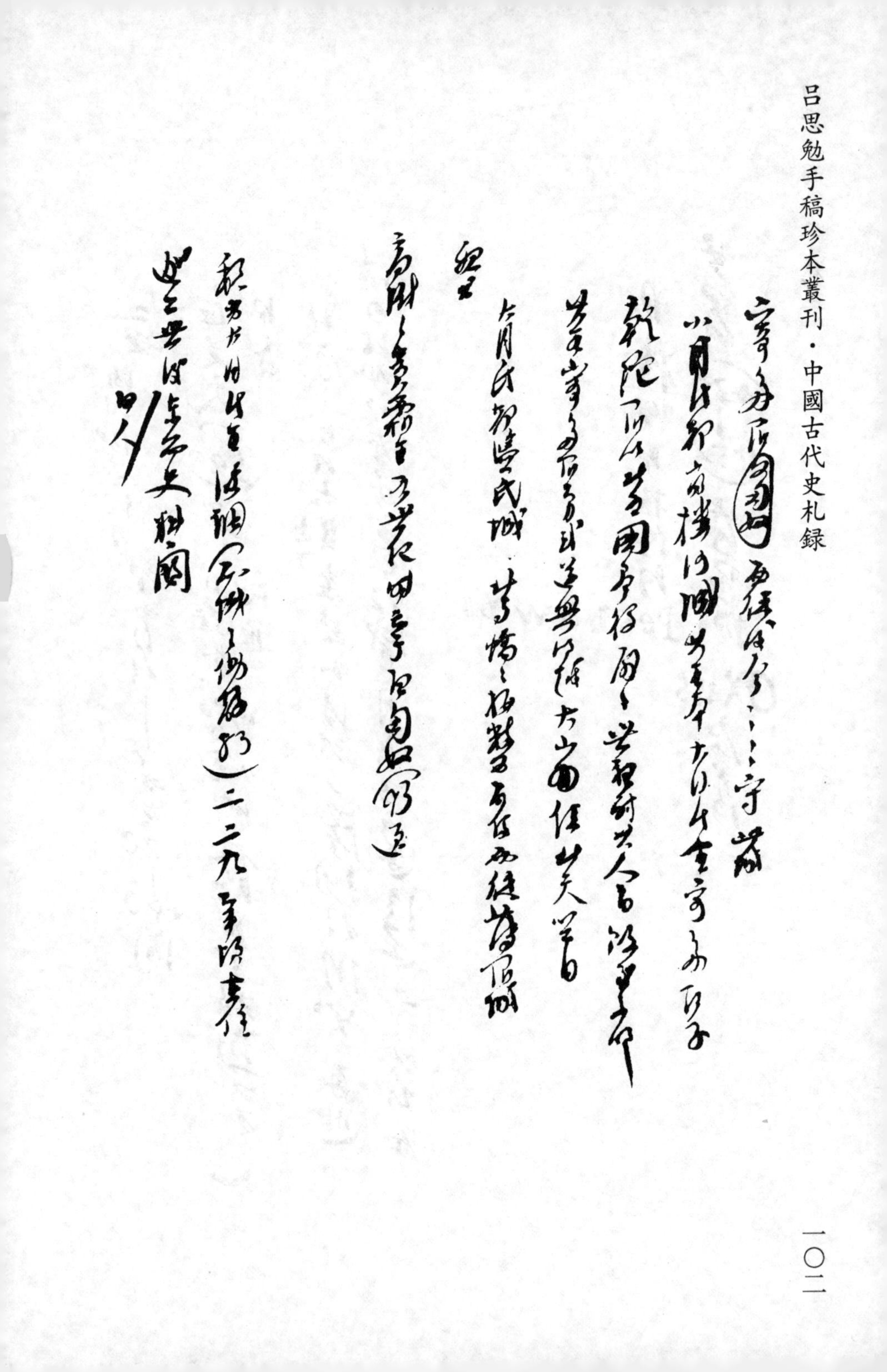

[illegible]

[illegible]

[illegible]

[illegible]

[illegible]城

經[illegible]

[illegible]

[illegible]）二二九[illegible]

[illegible]

[illegible]
[illegible]
[illegible]
[illegible]
[illegible]
[illegible]
[illegible]
[illegible]
[illegible]
[illegible]
[illegible]
[illegible]
[illegible]

千乘[illegible][illegible][illegible] [illegible][illegible][illegible][illegible] [illegible][illegible][illegible]邦 [illegible]邦已[illegible]

七國[illegible][illegible]下[illegible] [illegible][illegible][illegible][illegible]

1711-136（[illegible]理邦[illegible][illegible]）

第237頁一六國時與秦大敵 [illegible][illegible][illegible][illegible][illegible]問

（二世）第247頁作一

（陽泉[illegible]大邦（二世））[illegible][illegible][illegible][illegible]史[illegible] [illegible][illegible]

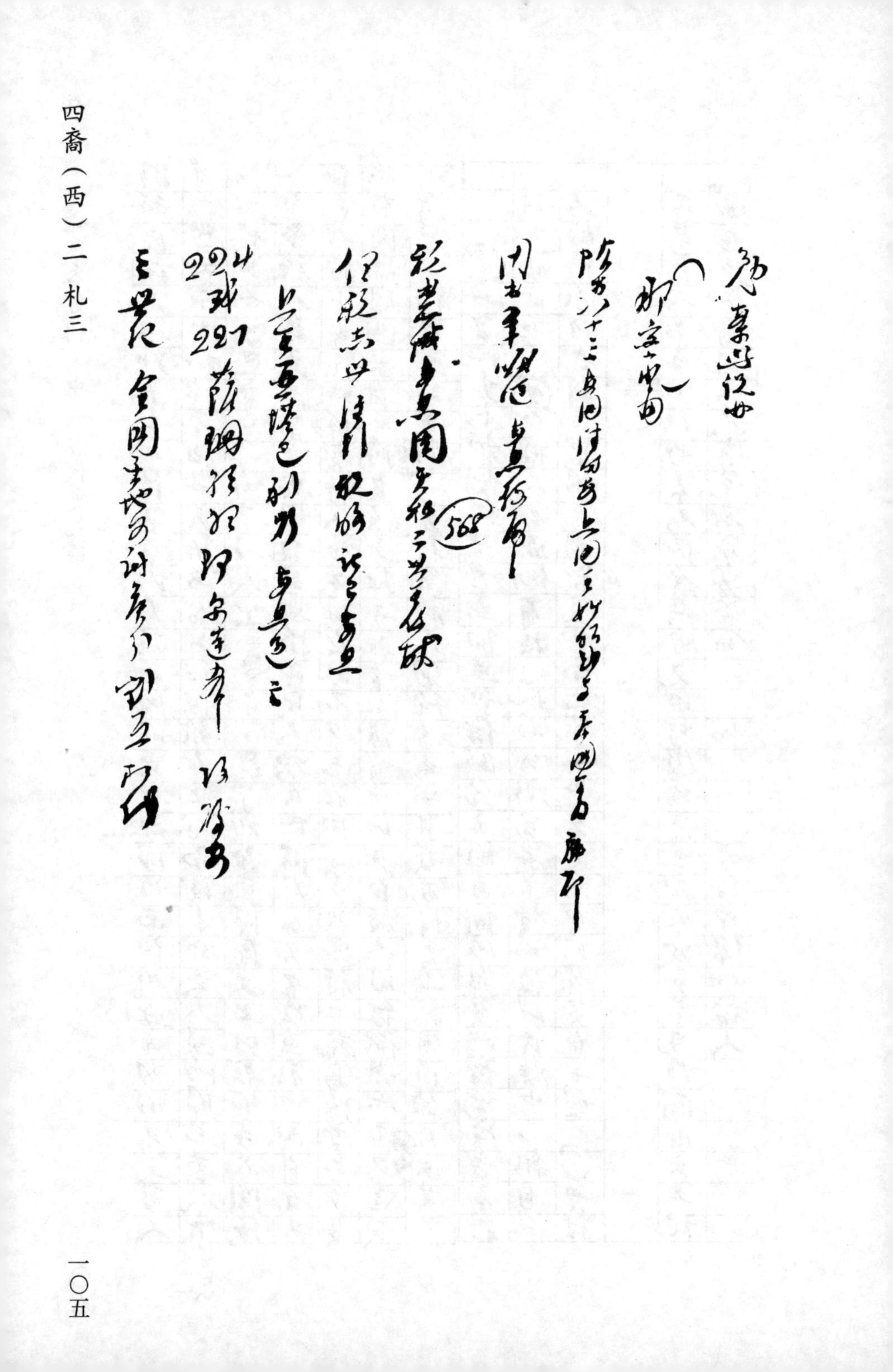

[illegible]

（[illegible]）

[illegible]

[illegible]

[illegible] 568 [illegible]

[illegible]

[illegible]

227 [illegible]

[illegible]

以的民族

此外黄色人種還有僻居在亞洲的東北部的，如西伯利亞東部的朱克奇人等（Chukchi）據稱為極北民族。又有其起源雖在亞洲，而後來却走入歐洲的芬蘭人（Finns）、保加利亞人（Bulgaris）、匈牙利人（Hungarians）等，則在東洋歷史上比較的發生關係。

白●種人在東洋最重要的自然要推印度人，次之則波斯及大食。葱嶺以西，自古為白色人種所居之地，故黄種人和其混血的不少，而在歷史上如塞種、大宛、烏孫等亦多是很有關係的國家。自西藏直抵交趾支那，黄人傳說中時見白種人的特徵者亦不少，這是人種學上很重要的事實。（3）至於黑種人，則除馬来半島及南洋羣島略有混雜外，其無

（1）此等地方，亦都錯處於亞細亞，但僅政治上的名詞，從自然地理論，當屬於北方亞細亞。（2）白種人在亞洲有極近代的，如蝦夷是黄種的極北民族中亦雜有白人的血胤為最著，其中的奇利雅克人（Giljaks）其體格即顯有黄白二型。（3）此種

尼革羅人亦多已和馬来人混合，其可見的特徵為膚色較黑，髮多拳曲。於中國歷史上記載南洋羣島的土人有説其拳髮的（如　　　的），大約即係此種人

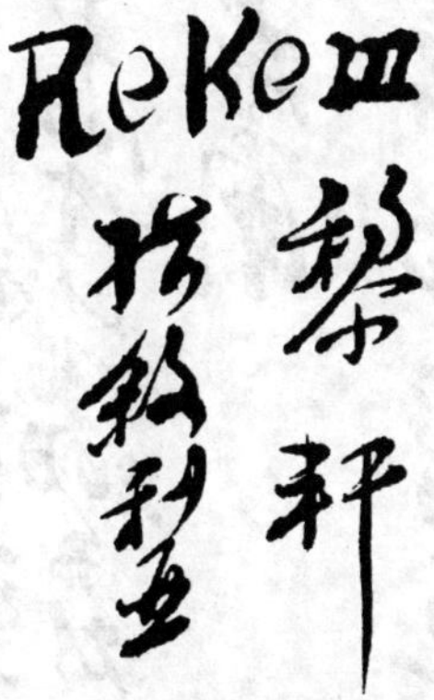

第65為何子敢國

安定郡大姓趙青，
南豆包勁士刀　少女

第100蒲山州相界相北

尚蘭

君南羌逃起　羌鄉力敗

第190羅子隆　少姜伯秀爲酒

領利亞

（第廷）楚轩

（湖迺）大秦国一名犁鞬以在海西亦云海西国

已刊于那些先此日译一种本生大秦国之

名词犁鞬即埃及亚历山大城Alexandrie

注入著者 亦见第140至41页注

永元十三年安息王滿屈

獻師子及條支大爵

Pakor二世卒于八七第

其子安世高

中外交通）小史七八頁
一 宮百284）丁謙考證）拂菻、歐
（古劍至287）原文宗泰論
匈瑞傳
（九166）安息傳曰西域城）乃年序
傳
162（後漢書）安息傳曰一三彼形勝計

古希臘——[illegible]傳

所[illegible]之[illegible]大

賽利加名出於絲

中國[illegible]（音近）

稱中國賽利加[illegible]

中國與[illegible]人稱塞[illegible]

（東洋史[illegible]）

Seres

[illegible]尼

從見[illegible]書

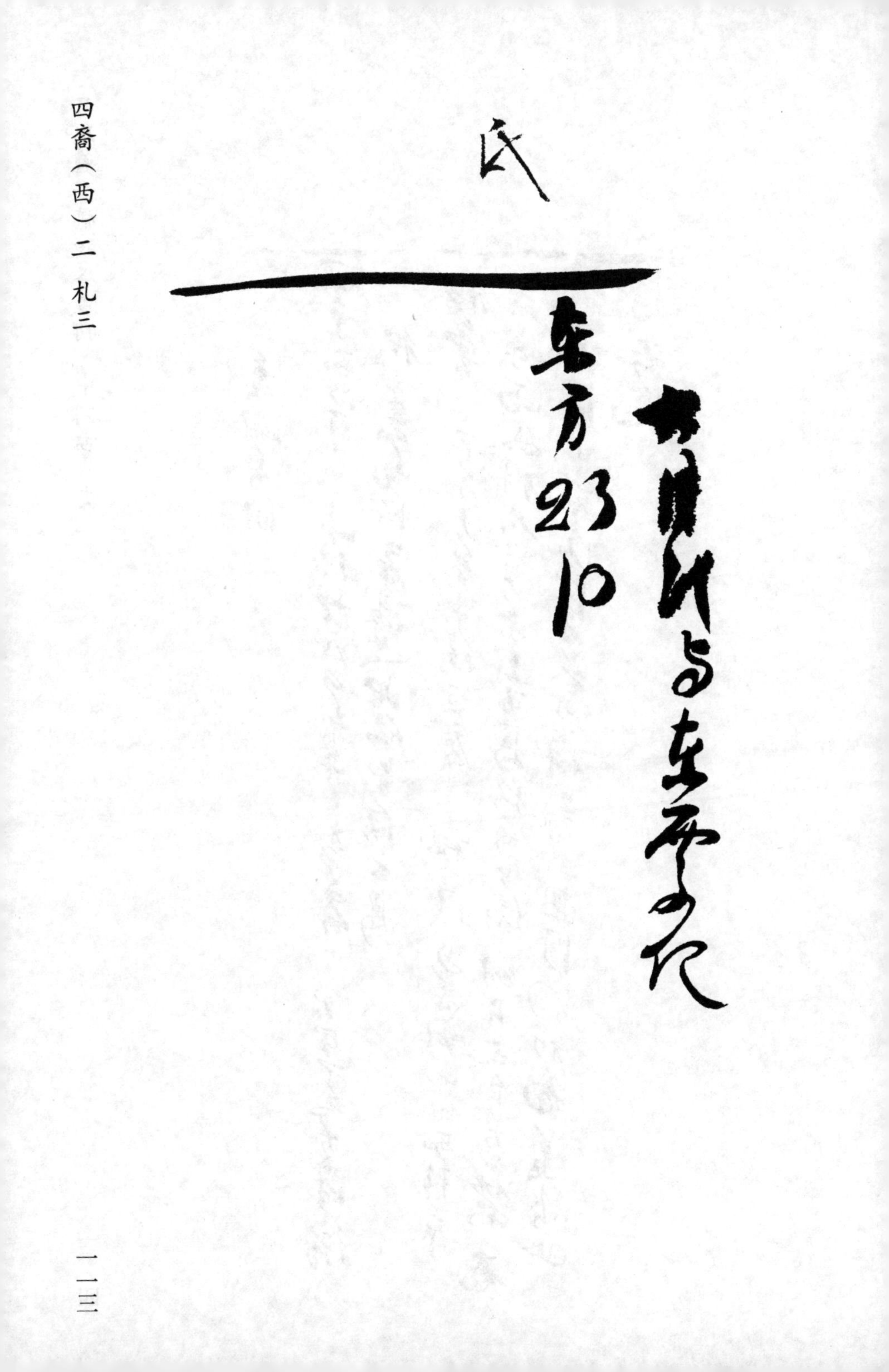

[illegible]与东西文化

东方 23 10

氏

姜嫄之所

履帝武敏　此偉世後以此之與之事者　歌畢之乃天降循

棘林之西海岸據之　此偉處要侯之島

殷墟　已爲天然未經過之度　秘事　安走出以而新行

無雨山樹木　少年喜之島將母儀　此已而自古林林庸

淵深之處係其故以釋者　抑區詞相庸其義以此

可也

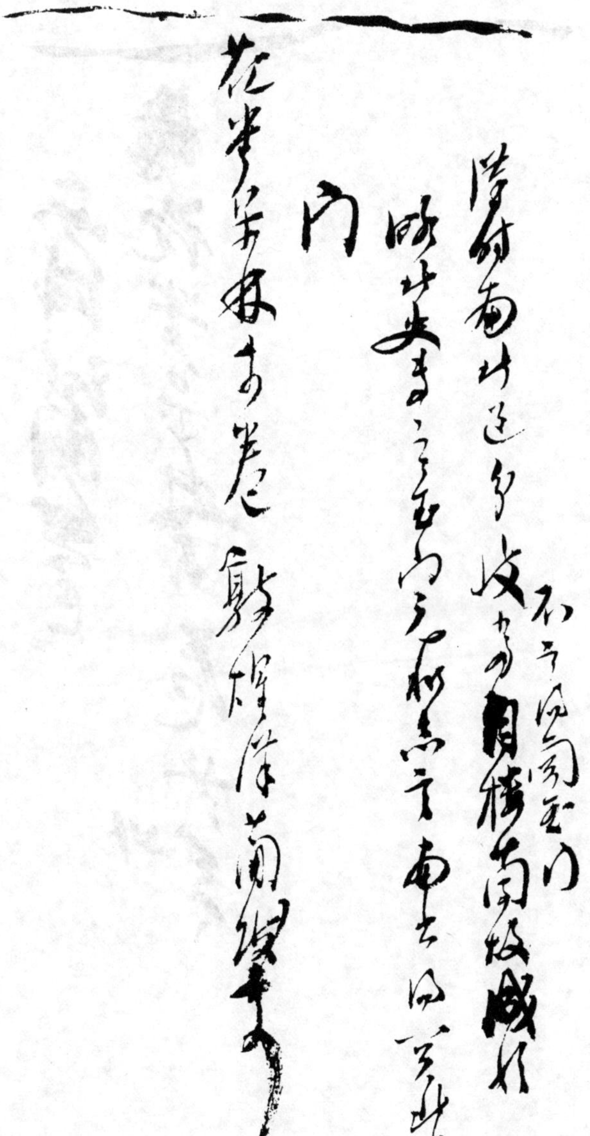

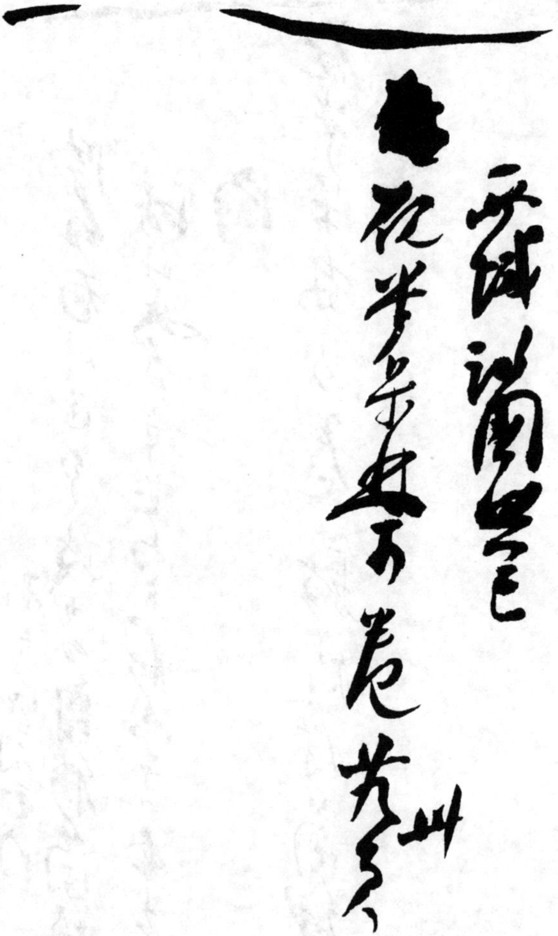

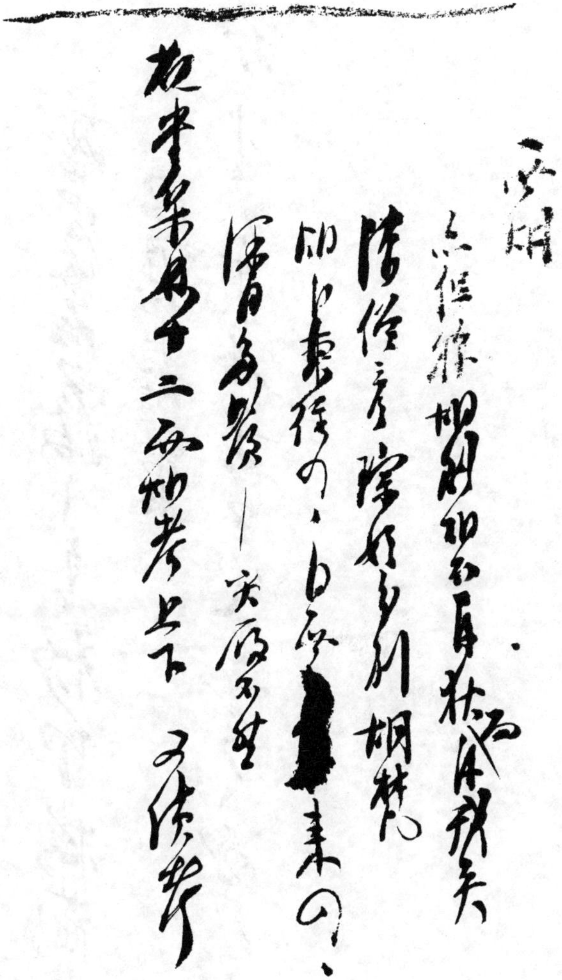

蔽霜露之害，郭即樓閣免在間

之居廬舍

宮室梁棟古里民人以之多九之人

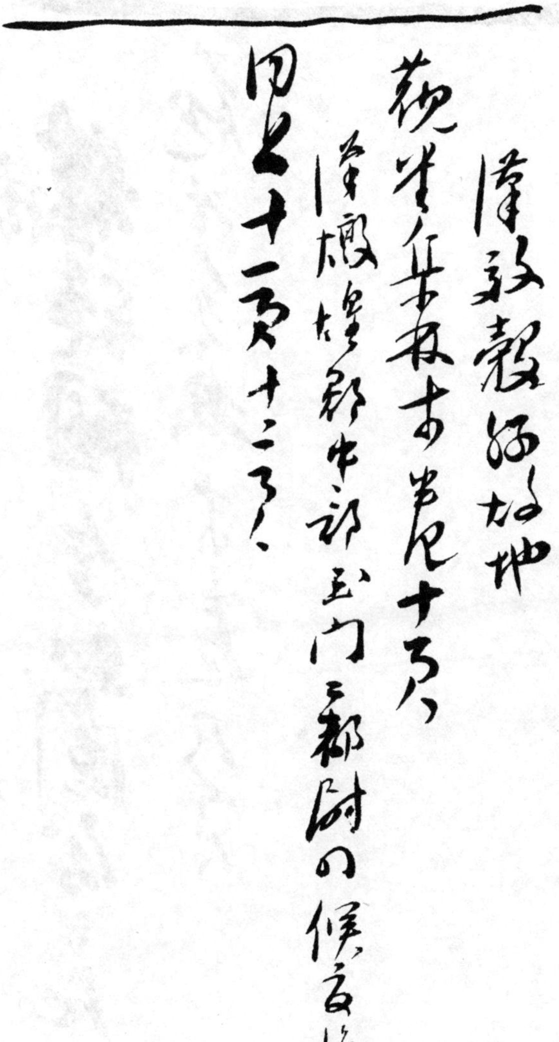

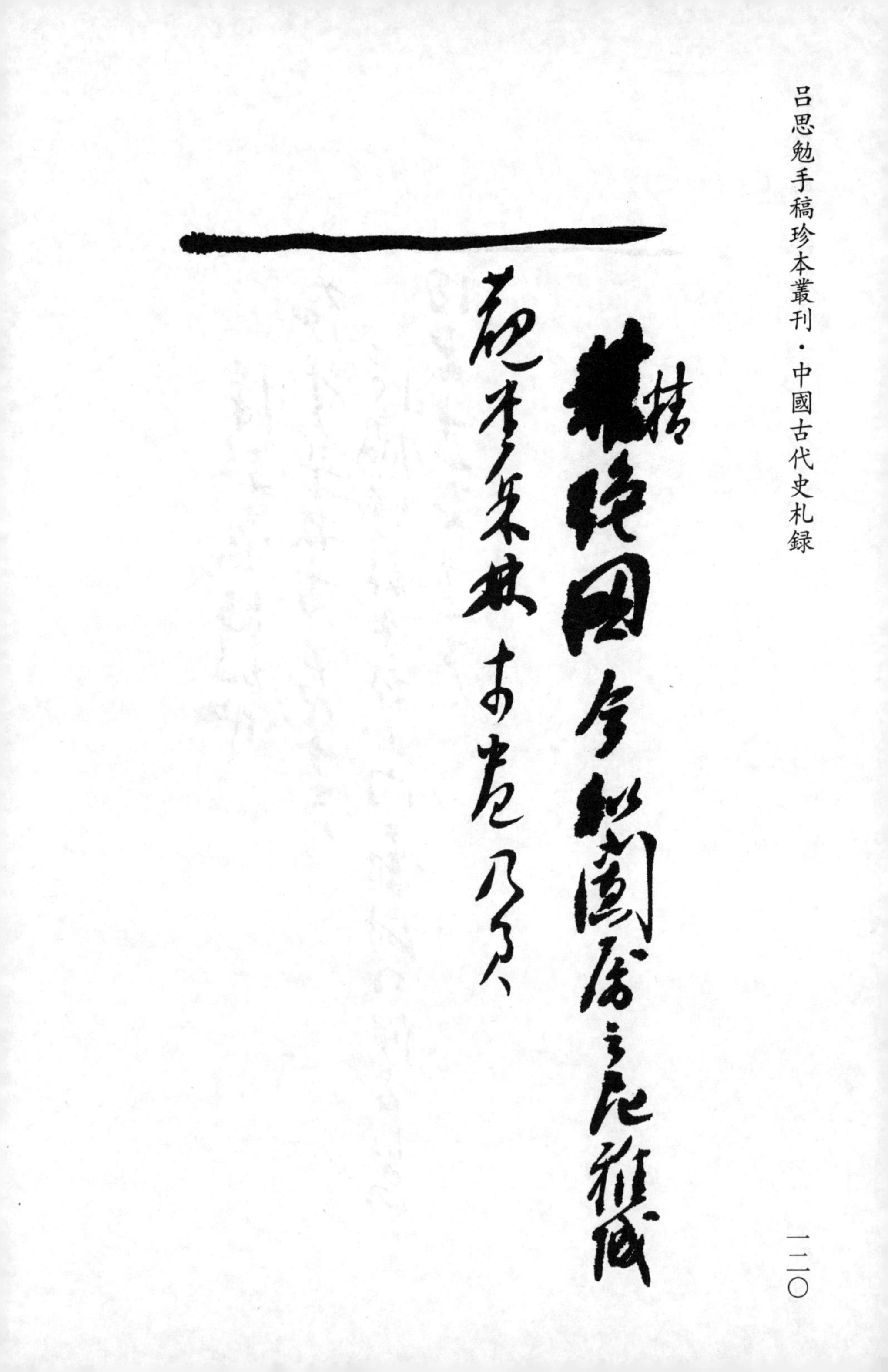

桔槔因合縱闢房之花雜識

荷花未來林本花乃人

常竊竊名然終無尺寸之功而天下黔首無不憂者孝文寤於兵之不可宿師古曰久留也故復合和親之約此二聖之迹足以爲效矣臣竊以爲勿擊便恢曰不然臣聞五帝不相襲禮三王不相復樂師古曰襲因也復重也復音扶目反非故相反也各因世宜也且高帝身被堅執銳蒙霧露沐霜雪行幾十年師古曰幾近也音鉅依反所以不報平城之怨者非力不能所以休天下之心也今邊竟數驚士卒傷死中國槥車相望師古曰槥小棺也從軍死者以槥送致其喪載槥之車相望於道言其多也槥音衞此仁人之所隱也張晏曰隱痛也臣故曰擊之便安國曰不然臣聞利不十者不易業功不百者不變常是以古之人君謀事必就祖發政占古語重作事也師古曰祖祖廟也占問也重猶難之也且自三代之盛夷狄不與正朔服色師古曰與讀曰預非威不能制彊弗能服也以爲遠方絕地不牧之民不足煩中國也師古曰不牧謂不可牧養也且匈奴輕疾悍亟之兵也師古曰悍勇也亟急也音居力反至如猋風去如收電師古曰猋疾風也音必遙反畜牧爲業弧弓射獵師古曰以木曰弧以角曰弓逐獸隨草居處無常難得而制今使邊郡久廢耕織以支胡之常事其埶不相權也師古曰輕重不等也臣故曰勿擊便恢曰不然臣聞鳳鳥乘於風聖人因於時昔秦繆公都雍師古曰繆讀與穆同地方三百里知時宜之變攻取西戎辟地千里并國十四師古曰辟讀曰闢其下亦同隴西北地是也及後蒙恬爲秦侵胡辟數千里以河爲竟師古曰竟讀曰境累石爲城樹榆爲塞如淳曰塞上種榆也匈奴不敢飲馬於河置逢燧然後敢牧馬師古曰逢古烽字夫匈奴獨可以威服不可以仁畜也今以中國之盛萬倍之資遣百分之一以攻匈奴譬猶以彊弩射且潰之癰也必不留行矣師古曰留止也言無所礙也若是則北發月氏可得而臣也師古曰發猶徵召也言威聲之盛北自月支以來皆可徵召而爲臣也氏讀曰支○劉敞曰北發國名亦見管子書臣故曰擊之便安國曰不然臣聞用兵者以飽待饑正治以待其亂定舍以待其勞師古曰舍止息也故接兵覆衆伐國墮城師古曰覆敗也墮毀也言兵與敵接則敗其衆所伐之國則毀其城也覆音方目反墮音火規反常坐而役敵國此聖人之兵也且臣聞之衝風之衰不能起毛羽師古曰衝風疾風之衝突者也彊弩之末力不能入魯縞師古曰縞素也曲阜之地俗善作之尤爲輕細故以取喻也夫盛之有衰猶朝之必莫也今將卷甲輕舉深入長敺難以爲功師古曰敺與驅同從行則迫脅衡行則中絕師古曰從音子容反衡猶横也疾則糧乏徐則後利師古曰後利謂不及於利不至千里人馬乏食兵法曰遺人獲也師古曰言以軍遺敵人令其虜獲也遺音弋季反意者有它繆巧可以禽之則臣不知也不然則未見深入之利也臣故曰勿擊便恢曰不然夫草木遭霜者不可以風過師古曰言易零落清水明鏡不可以形逃師古曰言美惡皆見通方之士不可以文亂師古曰方道也今臣言擊之者固非發而深入也將順因單于之欲誘而致之邊吾選梟騎壯士陰伏而處以爲之備審遮險阻以爲其戒吾埶已定或營其左或營其右或當其前或絕其後單于可禽百全必取上曰善迺從恢議陰使聶壹爲閒師古曰閒音居莧反亡入匈奴謂單于曰吾能斬馬邑令丞以城降財物可盡得單于愛信以爲然而許之聶壹迺詐斬死罪囚縣其頭馬邑城下視單于使者爲信師古曰視讀曰示曰馬邑長吏已

本の

民國紀元之廿三年秋十月三日郵寄付人取分

謹從母郎 以其日不及遂

皆作曲城而後書郡國志則與此志同　琅邪郡長廣奚養澤在西○按奚字應作貕　横故山名台水所出東南至東武入淮○臣召南按名台水當作久台水久名字形相近而誤耳又按入淮之淮即濰水也志中亦作維亦作淮如朱虛之汶水曰入維靈門之浯水横縣之久台水折泉之折泉水並曰入淮實皆入濰水耳今俗猶呼此水爲東淮河知自漢已然矣水經注引此志總曰入濰是也折泉折泉水北至莫入淮○臣召南按漢無莫縣水經注引此文曰至箕縣北入濰然則莫字係箕字之訛也　臨淮郡富陵莽曰櫟虜櫟音朔○臣召南按櫟音朔之上脫師古曰三字各本俱誤此類注非班氏本文也　會稽郡冶師古曰本閩越地○臣召南按冶各本俱作治非也閩越傳曰秦并天下以其地爲閩中郡漢五年復立無諸爲閩越王王閩中故地都冶即此冶縣沈約宋書州郡志曰建安太守本閩越秦立爲閩中郡漢武世閩越反滅之徙其民于江淮閒虛其地後有逃遁山谷者頗出立爲冶縣屬會稽是其說也玩師古說知古本必作冶今改正　丹陽郡丹陽楚之先熊繹所封○王楙曰熊繹所封在南郡秭歸之丹陽漢志乃以宛陵之丹陽爲楚所封誤矣　蜀郡湔氐道江水所出東南至江都入海過郡七行二千六百六十里○臣召南按里數大誤江爲南紀巨川自蜀至海即以地形東西直計亦五六千里況水道紆曲乎所謂過郡七七字其上不有脫文則字誤也且湘也漢也沅也皆入江之支水也漢由西縣東南至江州入江曰行二千七百六十里湘由零陵北至酃縣入江沅由故且蘭至益陽入江並曰行二千五百三十里以岷江之遠從西塞蟠折巴蜀縈帶荊揚其里數乃僅與沅湘埒反不如漢水之長乎此爲轉寫脫誤灼然易曉又按宋本旄牛下班氏自注鮮水若水云云之外有劉奉世曰里數蓋誤八字夫鮮若源出徼外里數難以測量疑此八字當注此條之下　益州郡來唯勞水出徼外東至麊泠入南海○臣召南按各本俱作麋泠又牂柯郡西隨麋水至麊泠入尚龍谿亦作麋泠誤也麊泠交趾郡之屬縣今改正

前漢書卷二十八下考證

地理志下武都郡河池○池監本訛淹從宋本改正　隴西郡氐道禹貢養水所出至武都爲漢○臣召南按養當作漾前文引禹貢嶓冢道漾即其證也　金城郡令居澗水出西北塞外○按水經注澗水作閣水　武威郡故匈奴休屠王地武帝太初四年開○臣召南按孝武紀元狩二年秋匈奴昆邪王殺休屠王并殺其衆來降置五屬國以處之以其地爲武威酒泉郡豈遲至太初四年乎志與紀自相矛盾自應以紀爲實　張掖郡故匈奴昆邪王地武帝太初元年開○臣召南按孝武紀武威酒泉置于元狩二年至元鼎六年又分武威酒泉地置張掖敦煌俱不俟至太初年間也志於張掖酒泉並云太初元年開誤也酒泉與武威建郡同時張掖稍在其後如志所云武威之置反在張掖之後矣　日勒○各本俱作曰勒按匈奴傳當作日勒　敦煌郡武帝後元年分酒泉置○臣召南按孝武紀敦煌與張掖並元鼎六年置又紀于太初元年書遣從東方再至敦煌則置郡久矣　安定郡涇陽禹貢涇水所出○涇水訛巠水今改正　五原郡南輿○臣召南按水經注於雲中北輿縣曰五原有南輿故此加

氐　氐　羌　羌　卑和羌　羌

前漢書卷二十八下

地理志第八下

武都郡武帝元鼎六年置莽曰樂平應劭曰故白馬氐羌戶五萬一千三百七十六口二十三萬五千五百六十○縣九　武都東漢水受氐道水一名沔過江夏謂之夏水入江天池大澤在縣西莽曰循虜師古曰以有天池大澤故謂之都　上祿　故道莽曰善治　河池泉街水南至沮入漢行五百二十里莽曰樂平亭師古曰華陽國志云一名仇池地方百頃　平樂道　沮沮水出東狼谷南至沙羨南入江過郡五行四千里荊州川師古曰沮音千余反又音夷　嘉陵道　循成道　下辨道莽曰楊德師古曰辨音步見反

隴西郡秦置莽曰厭戎應劭曰有隴坻在其西也師古曰隴坻謂隴阪即今之隴山也此郡在隴之西故曰隴西坻音丁計反又音底戶五萬三千九百六十四口二十三萬六千八百二十四有鐵官○縣十一　狄道白石山在東莽曰操虜師古曰其地有狄種故云狄道　上邽應劭曰史記故邽戎邑也師古曰邽音圭　安故　氐道禹貢養水所出至武都為漢莽曰亭道師古曰氐夷種名也氐之所居故曰氐道氐音丁奚反養音弋向反字本作漾或作瀁　首陽禹貢鳥鼠同穴山在西南渭水所出東至船司空入河過郡四行千八百七十里雍州濅　予道莽曰德道　大夏莽曰順夏　羌道羌水出塞外南至陰平入白水過郡三行六百里師古曰水經云羌水出羌中參谷　襄武莽曰相桓　臨洮洮水出西羌中北至枹罕東入河禹貢西頃山在縣西南部都尉治也師古曰洮音吐高反枹讀曰膚頃讀曰傾　西禹貢嶓冢山西漢所出南入廣漢白水東南至江州入江過郡四行二千七百六十里莽曰西治

金城郡昭帝始元六年置莽曰西海應劭曰初築城得金故曰金城臣瓚曰稱金取其堅固也故墨子曰雖金城湯池師古曰瓚說是也一云以郡在京師西故謂金城金西方之行戶三萬八千四百七十口十四萬九千六百四十八○縣十三　允吾烏亭逆水出參街谷東至枝陽入湟莽曰脩遠應劭曰允吾音鈆牙　浩亹浩亹水出西塞外東至允吾入湟水莽曰興武孟康曰浩亹音合門師古曰浩音誥亹水名也亹者水流峽山岸深若門也詩大雅曰鳧鷖在亹亦其義也今俗呼此水為閤門河蓋疾言之浩為閤耳湟音皇　令居澗水出西北塞外至縣西南入鄭伯津莽曰罕虜孟康曰令音連師古曰令音零　枝陽　金城莽曰金屏　榆中　枹罕應劭曰故罕羌侯邑也枹音鈇師古曰讀曰膚本枹鼓字也其字從木　白石離水出西塞外東至枹罕入河莽曰順礫應劭曰白石山在東○宋祁曰礫一本作櫟　河關積石山在西南羌中河水行塞外東北入塞內至章武入海過郡十六行九千四百里　破羌宣帝神爵二年置　安夷　允街宣帝神爵二年置莽曰脩遠孟康曰允音鈆　臨羌西北至塞外有西王母石室僊海鹽池北則湟水所出東至允吾入河西有須抵池有弱水昆侖山祠莽曰鹽羌師古曰闞駰云西有卑和羌即獻王莽地為西海郡者也抵音丁禮反

天水郡武帝元鼎三年置莽曰填戎明帝改曰漢陽師古曰秦州地記云郡前湖水冬夏無增減因以名焉填音竹真反其後並同戶六萬三百七十口二十六萬一千三百四十八○縣十六　平襄莽曰平相師古曰闞駰云故襄戎邑也　街泉　戎邑道莽曰填戎亭　望垣莽曰望亭　罕开應劭曰音羌肩反師古曰本破罕开之羌處其人於此因以名云　緜諸道　阿陽

四裔（西）二 札三

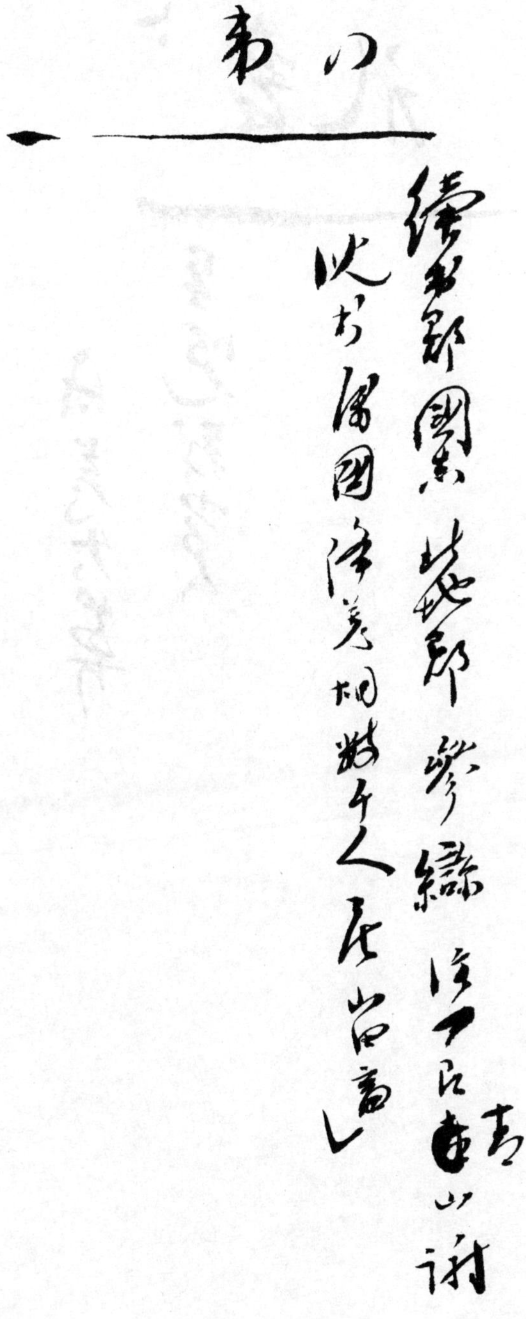

二

書札

呈覽錢賓四

[illegible]大著

史記卷一百十七　司馬相如列傳

巴俞宋蔡曰巴西閬中有渝水獠人居其上皆剛勇好舞漢高募此以平三秦後使樂府習之因名巴渝舞也淮南于遮漢書音義曰于遮歌曲名【索隱】張揖曰禮樂記云宋音宴女溺志蔡人謳員三人楚詞云吳謠蔡謳淮南鼓員四人干遮曲是其意也文成顛歌【集解】郭璞曰朱闇也【索隱】文穎曰文成遼西縣名其縣人善歌顛益州顛縣其人能作西南夷歌顛即滇字族舉遞奏【集解】徐廣曰舉一作居金鼓迭起鏗鎗鐺鼛洞心駭耳【集解】郭璞曰鐺鼛鼓音荊吳鄭衛之聲韶濩武象之樂陰淫案衍之音鄢郢繽紛激楚結風【集解】郭璞曰激楚歌曲也列女傳曰聽激楚之遺風也【索隱】激楚急風也結風回風亦急風也楚地風氣既自漂疾然歌樂者猶復依激結之急風以為節其樂促迅哀切也俳優侏儒狄鞮之倡【集解】徐廣曰韋昭云狄鞮地名在河內出善倡者所以娛耳目而樂心意者麗靡爛漫於前【索隱】郭璞云言恣其顏也列女傳曰

四 翟義傳 王莽大誥

熙爲我孺子之故（師古曰重歎而言）予惟趙傅丁董之亂遏絶繼嗣變剝適庶危亂漢朝以成三阸（晉灼曰古厄字服虔曰厄會也謂三七二百一十歲師古曰適讀曰
嫡○劉奉世曰見隊極厥命者國統三絶也）隊極厥命（師古曰隊隕也極盡也）烏虖害其可不旅力同心戒之哉（師古曰害讀曰曷曷何也旅陳也）予不敢僭上帝命（師古曰僭不信也言順天
命而征討）天休于安帝室興我漢國惟卜用克綏受茲命（師古曰言天美於興復漢國故我惟用卜吉能安受此命）今天其相民況亦惟卜用（師古曰言天道當思助人況更用卜
吉可知矣）太皇太后肇有元城沙鹿之右（張晏曰沙鹿在元城縣春秋時沙鹿崩王莽以爲元后之祥語在元后傳師古曰右讀曰祐）陰精女主聖明之祥（李奇曰李親懷元后夢月入懷陰精女主
之祥）配元生成以興我天下之符遂獲西王母之應（孟康曰民傳祀西王母之應也）神靈之徵（師古曰徵證也）以祐我帝室以安我太宗以紹我後嗣以
繼我漢功厥害適統不宗元緒者辟不違親辜不避戚（師古曰其有害國之正統不尊大緒者當速加刑辟不避親戚適讀曰嫡）夫豈不愛亦惟帝室（師古曰非不愛此人但爲
帝室不得止）是以廣立王侯並建曾玄俾屏我京師綏撫宇內（師古曰屏謂蔽捍其難也）博徵儒生講道于廷論序乖繆制禮作樂同律度量混
壹風俗（師古曰混亦同也音胡本反）正天地之位昭郊宗之禮定五畤廟祧咸秩亡文（孟康曰諸廢祀無文籍皆祭之）建靈臺立明堂設辟雍張太學尊中
宗高宗之號（服虔曰宣帝元帝也）昔我高宗崇德建武克綏西域以受白虎威勝之瑞（應劭曰元帝誅滅郅支單于懷輯西域時有獻白虎者所以威遠勝猛也）天地判合乾

秦の

繕治河上塞注

○臣名南按河上塞卽河上郡之北境與匈奴邊界處非秦時蒙恬所取河南地因河為塞者也蓋自諸侯叛秦匈奴復稍度河南與中國界於故塞匈奴傳可証也河上郡後為馮翊前卽塞王國此時初得其地卽復繕治障塞耳晉灼注以遠在朔方五原者解之非也　大戰彭城靈壁東○大戰監本訛大敗從宋本改正　置河上渭南中地隴西上郡○臣名南按史記置郡卽在二年歲

漢高紀上

第四

六二段

儀部圖書職官部 正千二段敘

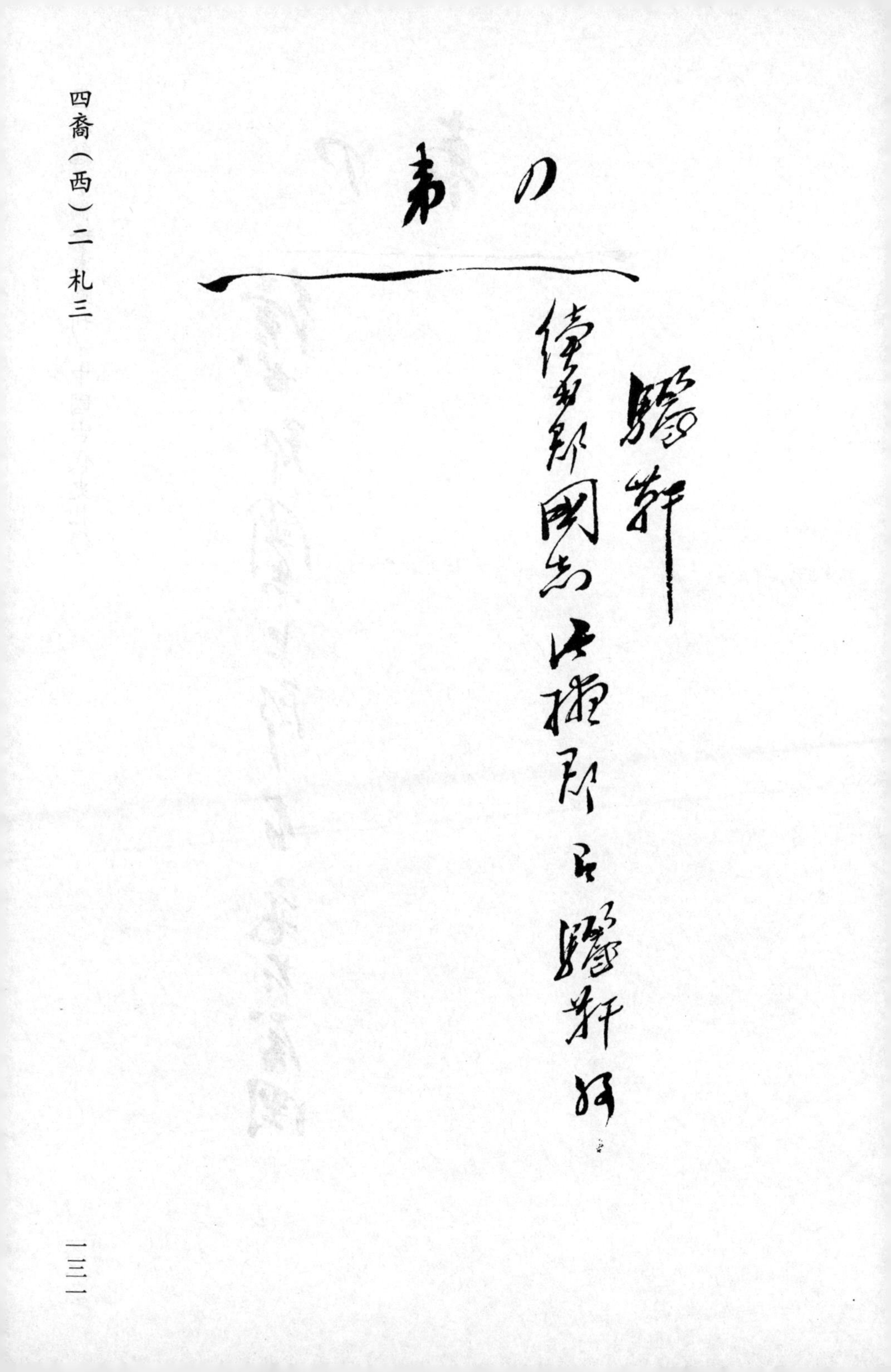

弟の

騰軒

續郎閣下　正權郎　同　騰軒拜

東四

讀書郎闇點上郎古寵若屬國

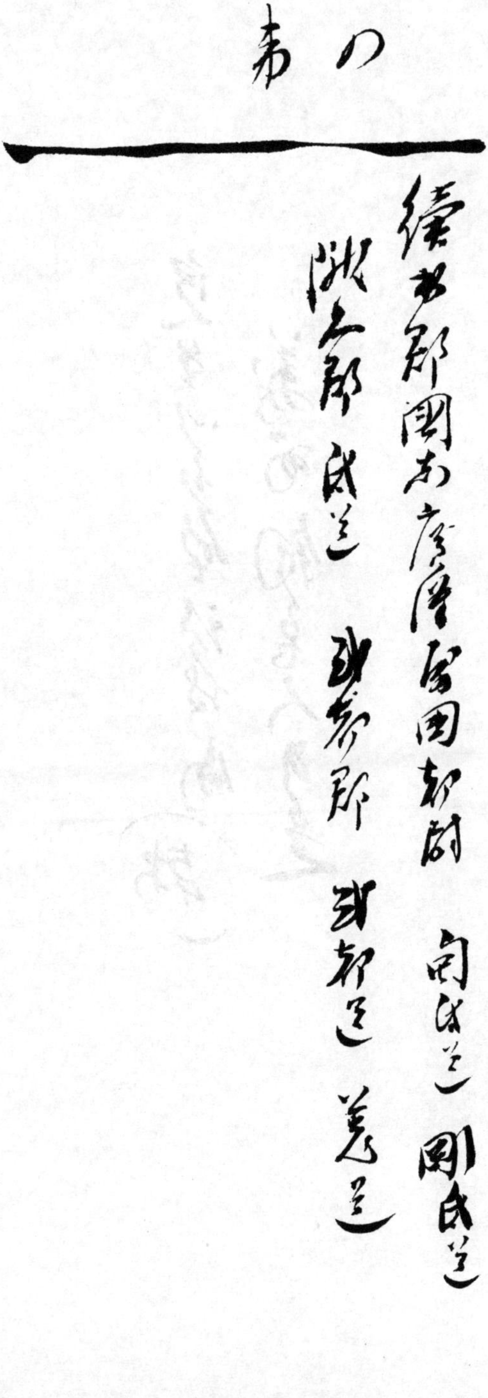

寬生以所藏珍傳爲（韩）

義可鋼色人爲之

三國魚長刀剣□大秦□□侄海世陸
□□循海南角多至陸七郡如南此
又片州□□□其而郡□□□島里
黑□柳□□催陪□如□□初皆
陸□今□□□
□□□□謝□□□□□□□□

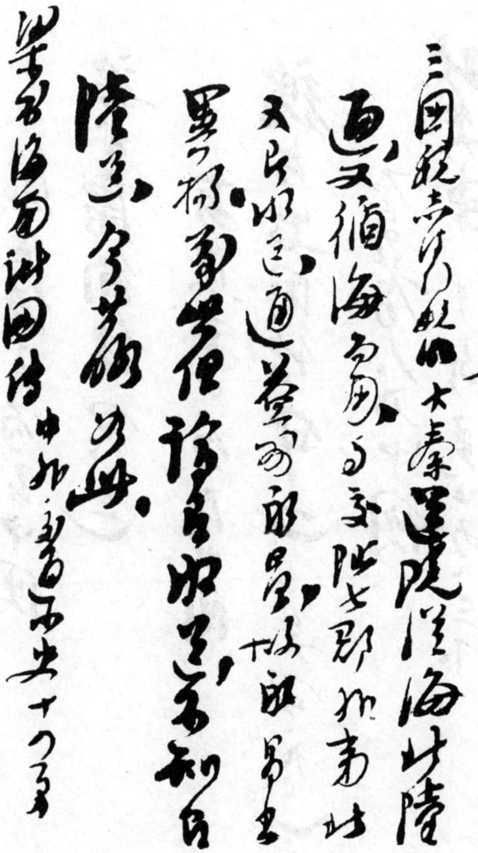

康居侍子始至中國

梁書康絢傳（十八・三）

安息王子始至中國

魏書安同傳（卅・二）北史（卅・九上）

後為蕃人入中國

北史車伊洛見英、三下

裴矩撰西域圖記 舊書本傳（六十三卷）

裴矩指陳西域諸國 又

新書傳在卷百 云凡四十四國分為三道

宣帝輔政時西域流通(西) 晉書范粲傳(九〇・三下)

魏明帝時西域入貢 晉書食貨志(廿六・三下)

魏涼州刺史領戊己校尉護西域如漢

故事至晉不改 地理志(十四・廿上)

苻堅遣使西域 州刺史 早于呂纂亂(偽八下)(廿十五)

西域多千佐騎(86/7上) 驍平西域(三)8上 立高昌郡(三)8下

太康元年四年車師遣子入侍 武紀

鄯善前部貢於李玄盛 載記（87 3下）

呂光帥軍至於于闐 李玄盛載記（87 2上）

魏正始元年焉耆危須來獻 宣紀

泰始六年焉耆入貢 武紀

太康六年焉耆龜茲遣侍 武紀

永和元年 張駿伐降焉耆 穆紀

張駿以西域長史見載記（八六・七上）

沈駿伐龜茲鄯善　鄯善王元孟　西域並降（八六・八上）禽戊

己校尉以其地為高昌郡（八六・八下）

張駿遣高昌于窴鄯善大宛使于石勒　勒載記（一〇五上）

梁熙使西域〻〻稱貢者十餘國　苻堅載記（一一三・八下）大宛獻天馬千里

駒（同上）康居于窴其入貢（同上十下）車師前部鄯善朝堅

（同上一一四・二下）鄯善王助苻丕攻張長　丕載記（一一五・三上）首稱李玄盛見傳（87・3下）

又見藝術郭麐傳（九五・十四）

鳩摩羅什母携之到沙勒 亦作疏勒 見九十五卷傳

太康八年康居來獻 [redacted] 武紀

泰始六年大宛獻汗血馬 武紀

呂光平西域 光載記（一二二·一下二上） 堅載記（一〇四）十下至三下 光代疏

東府堅載記云三十六國（卅九上）

勒龜茲 見卷九十五 鳩摩羅什傳（大藏本九〇·二九下）

呂光使子鎮高昌 129上

稽胡

見晉書呂光載記 122下

西域

宋書孝武帝紀大明三年十月西域獻舞馬

梁時西域獻方物

龜茲 天監二

于闐 天監九 十三 十六

波斯 中大通五 大同元

渴槃陁 中大同元

皆見紀

粟特（西）其名曰粟特國趙為國

宋書索虜傳度流沙萬里又有粟特國太祖世并年表貢獻粟特大明中遣使獻生師子火浣布汗血馬道中遇寇失之

宋書文帝紀元嘉十八年是歲肅特國……遣使獻方物未詳所處（南史）

槃〻

趙昌

宋书索虏传其芮芮东有槃〻国趙昌国　度流沙蕃

蛮夷 只槃〻特国太祖世並奉表贡献

太延元 二十人輩使西域

太平真君五 四輩使

太平真君六 慕利延（吐谷渾）入于闐

太安二 擊伊洛（高宗時擊伊洛見26 4上）（多侯由擊伊洛）（43 2上下）

以上見紀

多侯求定西域（四六）4上

焉耆車伊洛（四六）

高徽使西域（五二考）

魏西域諸國朝貢之年　均見魏書本紀

（焉耆）太延元　三　五　又　太平真君九討破之（被滅）　周保定の

（車師）太延元　三　正平元入侍（遣子）

（鄯善）太延元　三の五　又　太平真君六襲執其王　八　九賦役
其民比郡縣（九十五）以下（此）丠

（粟特）太延元　三　太平真君五　太安三　皇興元　太和三　周保定の

（龜茲）太延三　五　又　太平真君九破焉耆遂討之　十　太和元　二　八
三　永平三　神龜元　正光三

（悅般）太延三　太平真君九（求與王師俱討蠕蠕，許之）

（疏勒）太延三 五 又 太平真君十 興安二 和平三 正始四（景明三）又 延昌
元 又 正平二 神龜元 又

（烏孫）太延三（卅三）2下

（渴槃陁）太延三 五 又 興安二 和平三 正始四（景明二）延昌元 二

（破洛那）太延三 五 又 太平真君十 正平元 和平六（四十三）2下

（者舌）太延三

（遮逸）太延五 太平真君八 太安元

（悉居半）太延五 又 和平二

身毒 太平真君十

罽賓 正平元 興安二 景明三 熙平元 正平二 大

迷密 正平元

吐火羅（吐呼） 和平六

于闐 太延三 又皇興元 又二 景明三 正始四 熙平元
延昌元 二 周建德三（慕容延乃于闐北史在下卷）

波斯 太安元 和平二 皇興二 承明元 正始四 正平二 神
龜元 正光二 三

悉萬斤 四延三 承明元

（高昌）（〇二二〇二三七） 太和廿一 永平元（出內徙） 〃 又 又 〃 延昌元 二 四

神龜元 正光二 孝昌元 建義元以世子光嗣 永熙二 王麴子堅進爵

周武成元 保定元

延興三 承明元

（悉萬斤） 太安三 正始四 又 永平二 太和三 四 十一 十二

（朱居槃） 太安三 永平四

（伽倍） 正始四

（居密） 正光二

（安息） 周天和二

魏時天竺西域入貢者

魏書（七上）5上6下（八）2下3上6上下7下8下—9下10下（九）4上

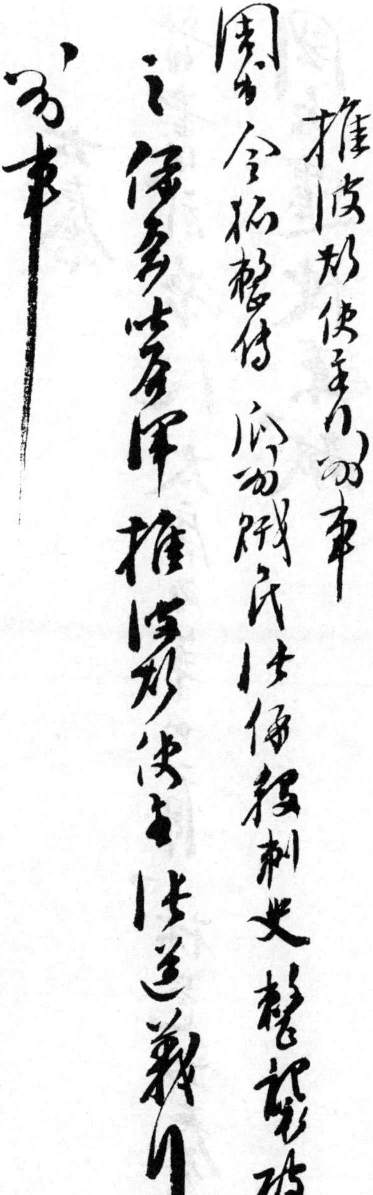

大秦

晉書武帝紀 太康五年十二月，林邑大秦國各遣使來獻

驪軒

晋書張祚傳「遣其將和昊率衆伐驪軒戎於南山，大敗而還」

周時西域通商情形

見周書（卌七）2下（卌九）1下。

大秦

梁書有大秦賈人字秦論 蓋以秦爲其姓猶安

息之例則其國本名大秦

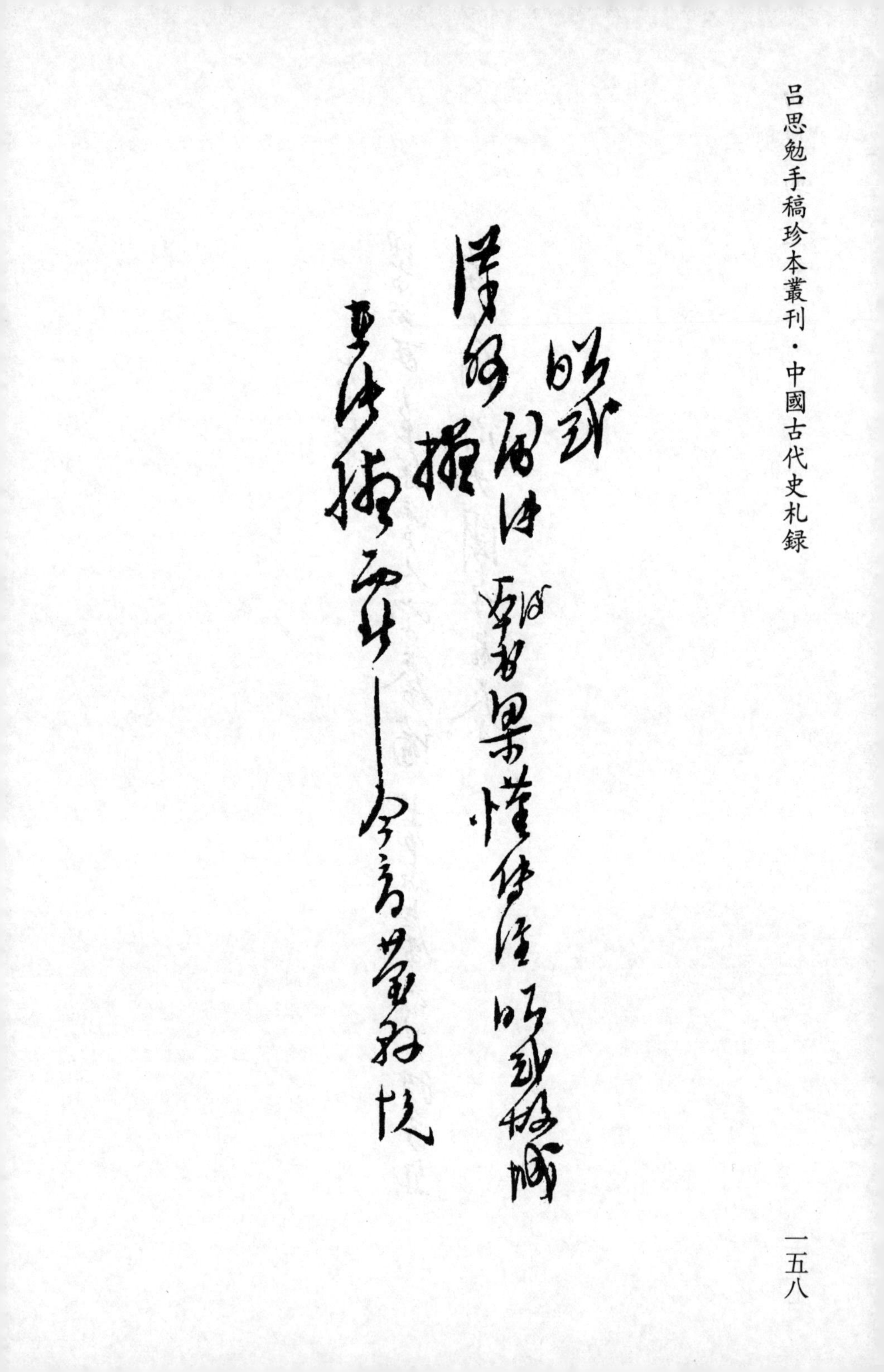

[illegible]

補天竺等西域記　略存水經注中　辯機之西域記
法顯佛國記　祇存影本
惠生宋雲之行紀　在洛陽伽藍記卷五
阿育王　迦膩色迦王之事

阮咸所寵爲胡婢

晉書四九・四五上

宕昌

宋書孝武紀大明元年五月「梁瑾蔥（梁書作梁瑾忩）爲河州刺史、宕昌王

四年正月（庚）宕昌王奉表獻方物 十一月壬寅宕昌王遣使獻方物

五年正月丁卯以宕昌王梁唐子爲河州刺史

後廢帝元徽四年十月（辛）、、、、宕昌王梁彌機爲安西將軍河涼二州刺史

宕昌 見代

太平真君九年梁瑾慈內附 [redacted]以明久貢 二封其孫彌機

太和九年梁彌承 十六彌承來 正始五彌博 以彌泒 (廿七・三九) [redacted] (十六)了上

周(二)卅下 保定元年 三年來貢 天和元置宕州 又(廿)了上

(廿七)卅上 (28)在[redacted] (卅三)了上卅上 (五四)下

北史(六十) 王貢宕之豪傳 周書本傳無 上

北史(四十九) 梁覽 毛遐傳 作史長

資陵

南史梁武帝諸子傳武陵王紀在蜀十七

年、、、西通資陵吐谷渾

四裔 卅

樹敦城

取據何以住 三十七

昌亭

魏書高祖紀延興二年八月昌亭國遣使獻蜀馬

魏書紀 太和十七 鄴至 儵舒䝉伎子 舊未

永平二 儵覽歸

[illegible]

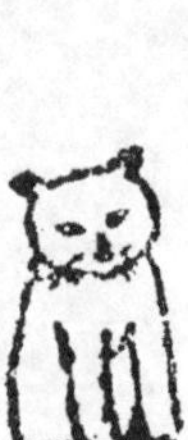

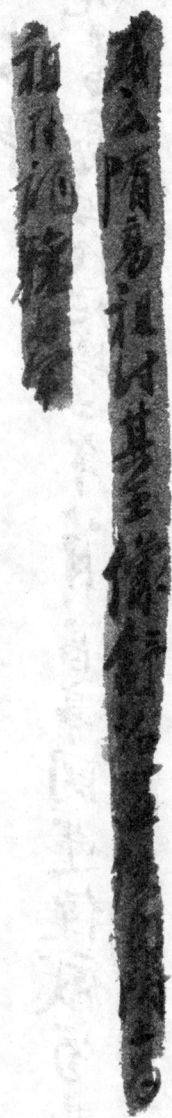

梁武帝紀中大通元年二月辛丑以隴西公宕昌王梁彌博

爲河涼二州刺史 梁書云宋文帝時以像舒彭爲王至象屢貢獻遣使 東羌王像舒彭爲西涼州刺史 破馬

三年三月丁巳以宕昌王梁彌頡爲河涼二州刺史（注

六年五月甲午以宕昌王梁彌泰爲河涼二州刺史

注魏孝武（魏書）三年七月魏遣使拜宕昌王梁彌

博又云梁彌泰爲宕昌王与此互異

梁書梁彌頡 天監元年進號 の梁彌博の王 十、十一頁

大同七梁彌泰爲王是年來獻（傳云其子）

象舒彭 天監元年封鄧至王 五末頁

帳

後漢書西域傳曰部王阿羅多更立以後部人三百帳別役屬之食其稅帳者猶中國之戶数也

の来

禿髮利鹿孤所鎮五年

出僅頃二　の十五八

樂都即湟都湟水一名湟都水　鄯西昌氏實

又の十一頁八

蕃川　勇士　西城　麦田

又の十五　の十六　の十七頁八

地作

牽屯山

見北史尔朱天光賀拔岳傳 即笄頭山 在今固原

北西

仇池

氐傁 晉書張光傳（57 5下）

難敵 成紀咸和六（7 3下） 劉曜載記（103 上下）

李雄載記（121 2上）

初 穆紀永和三 五（8 2上 3下）

張軌傳（86 7下）

國 穆紀永和十一（8 8上）

俊 穆紀永和十二（8 8上）

孝武紀寧康（9 1上） 太元八（9 5下）

世 廢帝紀（8 5上） 海西公太和六（8 8上）

苻堅載記（113 5下 7上） 孝隆 呂光（122 5下）

16下 7上

盛 安帝隆安三（10 上下）

姚興載記（117 上下）（118 上 3上）

姚泓載記（119 2上）

南秦州刺史楊盛 見存 堅載

記（114 10上） 苻堅

載記（115 5上）

楊定（125 2下）

仇池

桓玄之亂，楊盛據漢中，刺史治魏興，惟有魏興上庸新城三郡。見宋書七十八蕭思話傳

武帝永初三年，封盛武都王。紀

文帝元嘉元年，吉翰督梁南秦。三年，楊興平使歸順，翰使始平太守龐諮據武興。玄帥楊言使弟難當拒諮，諮破之[illegible]

宋書氐傳

元嘉七年，楊難當刺秦州。九年作北秦州

十年，難當寇漢中，梁刺甄法

護之雖嘗據梁州以蕭思話刺梁南秦　十二年平梁州　見七十八思話傳
十三年武都王獻方物　十四年以真道刺梁南秦　十五
十六十七武都王獻方物　十八難當寇漢川　十九以真道破
之平仇池　見卷四七真道傳　真道刺雍　裴方明刺梁南秦　廿仇池
沒於索虜　見七八・二三臧質傳　九五・六下　楊文德刺北秦
一七下索虜傳
寄武都王　明帝泰始二楊僧副皆係僧嗣　南史又本傳　後廢帝
元徽四楊文度刺北秦　順帝昇明元北秦州刺史楊
文慶進後二楊文弘刺北秦　見紀　以上皆　司馬飛龍見劉粹
傳（四五・二七下）思話傳（七八・一下）

仇池

齊書高紀建元二 武紀永明四 明紀建武二四

東昏紀永元元

南郡志梁州 [redacted] 秦州 見十五卷 十二、十四頁

又索虜傳 五十七卷六、八頁

永明時蕭懿使楊元秀攻魏六戍 見梁書長沙嗣王

業傳

武興

頃於齊帝紀一、梁書西北諸戎傳，武興成晉隆

其中沒有氐民，武興西北諸〔蘭〕皐成長仇池

二日垣

梁时仇池

（楊紹先）天監元封北秦 中大通元封秦南秦 大同元進號 見紀

（楊法深）大同元再進號 本北益州刺史陰平王

楊大眼氐人為魏名將子華胡太后逼通之懼而來降太后為作楊白華之辭 梁書有傳

仇池

魏書（一〇一上）2上 3上 6下 9上（百）1下 2下 4下（五）1下（七上）3上 5上 7上 8上（下）2下

5上 6上 7上 9上（八）2下 3上 4上 5上（卅）3下（廿）8下（廿八）5上（四一）3上（四三）

3下（四〇）7下（四七）2下（四八）1下（四九）5上（五二）1上（五八）3下（五九）

1下（六〇）3上（七〇）6上（七二）1下 1下 3下 4下 1上（七三）2下（一〇〇）1下

周書（八）2上（十）1下 3上（四三）4上

北史（三）2下（[illegible]）（五六）1下（[illegible]）

羌莫遮念生

梁書羊侃傳 魏正光中稍爲別將時秦州羌有莫遮念生者據州反稱帝仍遣其弟天生率衆攻陷岐州遂寇雍州侃爲偏將隸蕭寶夤往討之潛身以塹伺射天生應弦而倒其衆遂潰

羌

魏书（三）3上（四上）2上（六）4上（七上）6上（下）10上（八）3上8下（九）3下（十七）4下上

（五九）2上（五二）7下（四三）4下（四七）2下（五一）6下（五八）3下（七四）1上

（七七）7上（八九）2上（九〇）6上9下

（北齐书）（十六）2下

北史　宋世良　廿六・三下

齐书本传全

周書氏羌

（二）4下（十二）6下（十五）7上（十七）3下（廿一）1上（廿五）3上5下（廿五）2下3上

（廿七）3下（廿八）1下（廿九）2上4上6上（卅一）1上（卅三）3上4下

（卅四）1下（卅七）4下（四二）6上

隋書氏羌之亞（卷一）至（四）の上ー東魏書太武太延の年了上後邑泉華等相率內附即此

懷黨羌 隋書卅九、五下（北史六八、一下同） 宇文弼伐羌（五六、3下4上）

崔仲方平紫祖の隣書望方涉題干碉小鐵圍山白男弱水胡叛（補：赤棤椰）桑米平賊（隋書六十・五上）（北史卅二・八下）

氐

齊書蕭惠基傳 泰始初兄益州刺史惠開[redacted]拒命 明帝

遣惠基奉使至蜀宣旨慰勞 惠開降而益州

土人反引氐賊圍州城 惠基於外宣示朝廷威賞

於是氐人邰虎郝天賜李封緘仲馬興懷降

又崔慧景〻傳梁〻州〻賊李烏奴屢為官軍所破走氐中

乘間出擾動梁漢益州軍討破[redacted]遂僕武興建元〻

慧景刺梁南秦二州〻年於武興 參看文惠太子傳 廿一上

詳見仇池傳 李烏奴為氐見梁書楊公則傳（[illegible]北）

羌笛出於羌中 角或云出羌胡

宋書樂志(19 12)

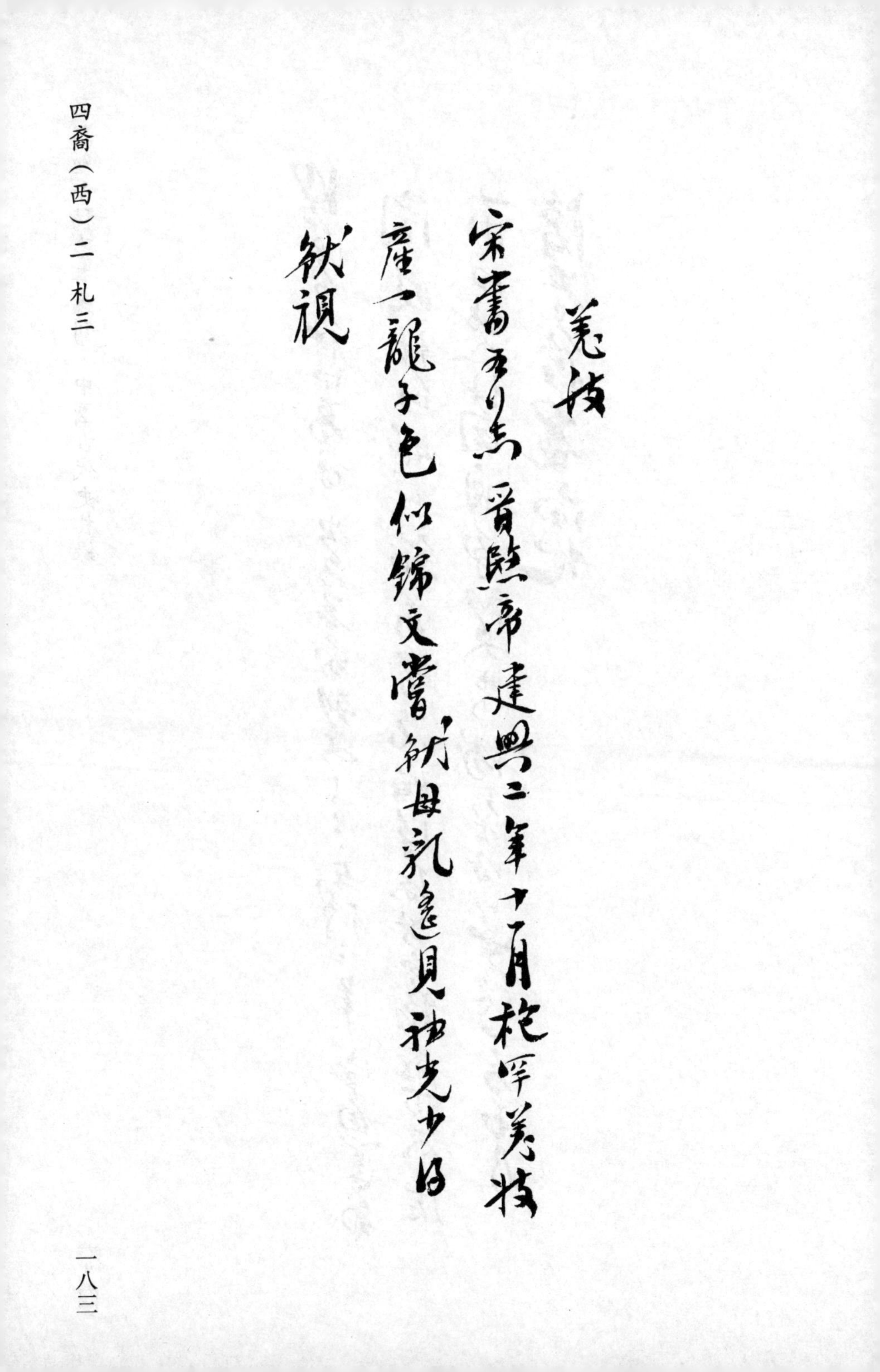

羌妓

宋書五行志 晋愍帝建興二年十一月枹罕羌妓產一龍子色似錦文嘗就母乳遥見神光少有就視

隋書于仲[illegible]傳 出為[illegible][illegible]刺史，[illegible]在職不三年，寬由[illegible][illegible]
閩嶠獠俚峒山雜蕃皆[illegible][illegible]循良[illegible]樂不居
蕃印熟人誠因自爭刺史未補，孝俟以遂後侯景亂乃
隨[illegible]信置[illegible]也

三國蜀志後主傳延熙十年「是歲汶山夷反，維（姜維）往討破平之」

事馬忠傳張嶷討汶山羌別見本傳（同）上廿

興國氐王千萬 三國武帝紀(一)15上下 又及烏丸傳

河池氐竇茂 武帝紀(一)16上

武都氐 同上 楊僕內附 文帝紀(二)2上

汧氐 及烏丸傳 賈逵傳(十)八上

駱谷之役 關中氐羌不能供 曹爽傳(九)7下

燒當羌 明帝紀(三)9下

長離諸羌 及烏丸傳

三國魏志武帝紀興平十九年安定大守毋丘興將之官公戒之曰羌胡欲與中國通自當遣人來慎勿遣人往善人難得必將教羌胡妄有所請求因欲以自利不從便爲失異俗意從之則無益事興至遣校尉范陵至羌中陵果教羌使自請爲屬國都尉公曰吾預知當爾非聖也但更事多耳

氐人竇首

見晉書竇疋傳（610上）

又竇衝

見周訪傳（587上）、後為苻堅右將軍見載

記（1146上）

樹機能

晋書武紀咸寧元年三年五年　陳騫傳下苗

宣五王傳（四八〇三上）　李熹傳（四一〇三上）　馬隆傳以下

樹機能為禿髮氏見斠記126上

元康初趙王倫督關中時氐羌之叛

見晉書本傳（59 4下）張光傳（57 6上）解系傳（60上）

索靖傳（60 8上）

又張華傳（36 8下）

齊萬年

惠帝紀元康六至九年　宣五王傳（卅八 9上）　周處傳（58 1下）

孟觀傳（六〇 二上）

隱逸

晉書朱沖傳 卷九十の 南安人「居近羌戎奉

之若君「沖卜以禮讓あり

譙縱之叛益州刺史遣縱及侯暉領諸部氐東下暉叛逼縱為主（一〇〇上 縱本傳）

宋時之氐

宋書劉道産傳：劉道錫，巴西梓潼二郡大守，元嘉十八年爲氐寇所攻，道錫保城退敵。

大 柳元景傳：元嘉廿七年，討其參軍龐季明年七十三，秦之冠族，羌人多附之，求入長安，招懷關陝，乃自眥谷入盧氏，之人趙難納之，弘農強門先有內附意，故委季明投之。及據潼關，の山羌胡咸皆請奮。

大 劉[redacted]秀之傳：元嘉廿七年北伐，秀之以廿七年督梁雍北秦三州，氐賊楊高爲寇，秀之討之，斬高兄弟。

蕭惠開傳：晉安王子勛反，東西歷之（附督[redacted]益寧二州），遣州治中程法度出梁州，爲氐賊楊僧嗣所斷。

宋書索虜傳燾與太祖曰「彼聞關中蓋吳反逆扇動隴右氐羌」

梁書陳慶之傳「洛下南人不出一萬羌夷十倍」遂又敗大敗時

宋書沈攸之傳隨慶之征廣陵……世祖以其善射配以仇池步矟南史同

氏

魏書（三）6上7上（三）4下（四上）3上8上9上（百）3下4下（百）4下（五上）6下 ②上

（八）3上4上（九）1上3下5下6上8上（十九中）1下（下）2下（卅）2下（卅七）4上（卅九）2上

（卌）10上（四二）8上（四三）1下（四五）7下（四六）1上（五一）2上3下4下6下8下（五六）

1下（七四）1上4下5上（七八）9上（八九）3下（九四）6下（九五）1下

槃木王

旄牛帝

見三國蜀志張嶷傳 呂 47下 5上

晉書武帝紀太康六年參難の干條落内附し

地理

前涼河州仍治河南 水經注卷二 廿 廿三頁

南涼澆河郡 又廿三頁

前涼湟河郡，以魏洮河，唐廓州 同上

魏枹罕洮兩漢故城 又廿八頁

地理

浩和倏和像一成

泥和迷和像一成

出烟西北洼 二〇三一

月氏与羌

魏書

[redacted]小月氏国 先居西平張掖之間 被服

頗与羌同

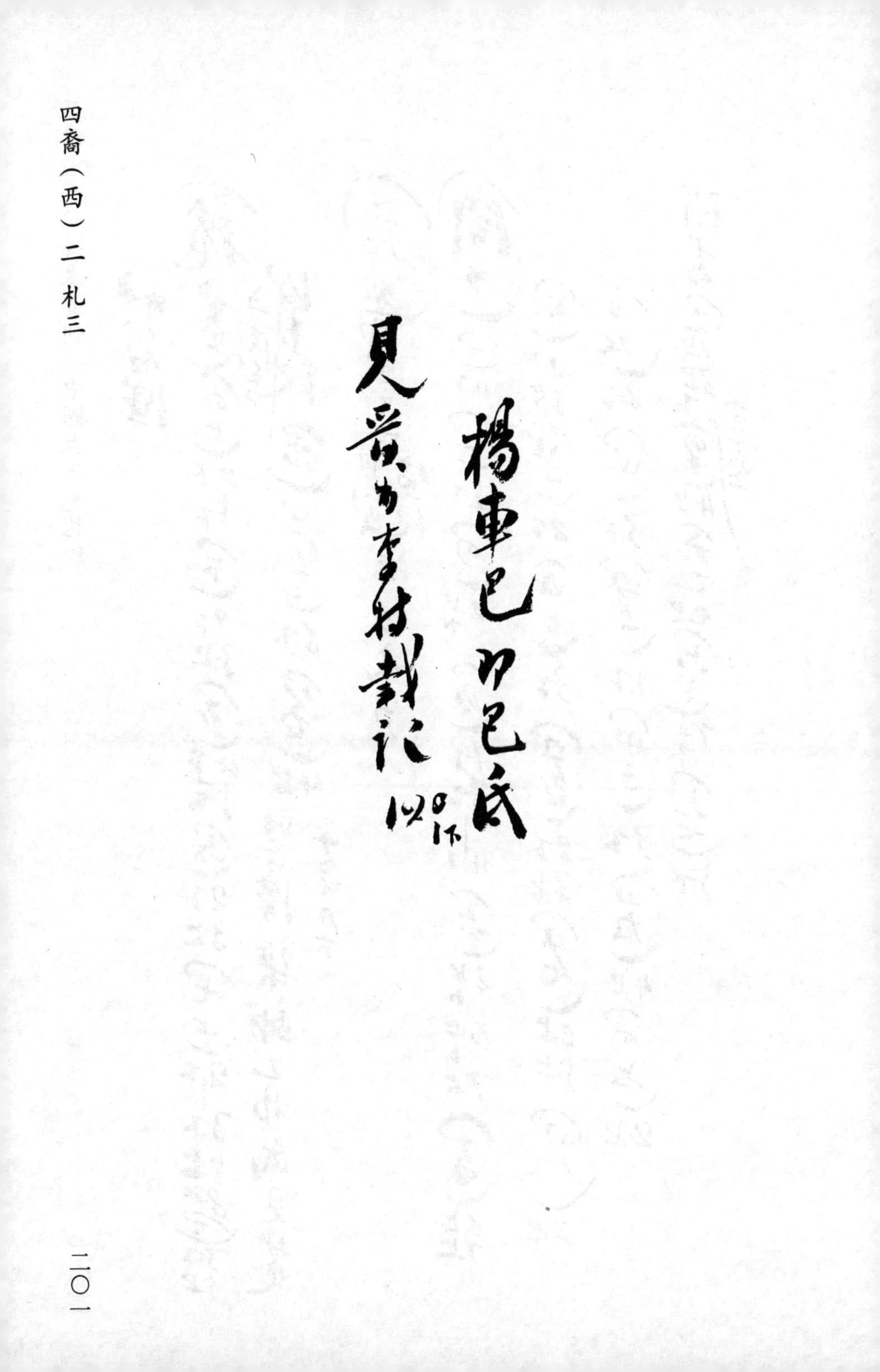

楊東邑刀邑民

貝晉方李村裁记　1920 1下

吐谷渾

魏書(四上)14下15下(下)20下21上(五)14下15下(六)27下31上(七上)27下37下41上8上(百一)7上

晉書記(吳廣條)(十五)1上(五三)6下(百五)4上 吐谷渾渠帥乞伏氏見茲

十二頁九下

(北齊書)武宣七 見文 天保之前人

宣紀

周書(二)4下(三)5下(四)2上下(五)14下15下(十)4下(廿一)3上 係7上(廿三)3上

(廿)2下3上(廿二)2下(廿三)5下(卅五)2下3上(卅七)2上3上(卅八)2上

(卅九)6下(卅)3下(卅二)1下(四三)3下(四九)4上(四六)2上

隋書(二)7上8上下(三)9上(四十)4上(六二)2上(六三)7上下(六七)5下

梁時扶南譯

代天監元 休留代（二北） 中大通元 陀羅真（三北） 二佛譯（三作）

亦可以據 天監二 十七 普通元 七 中大通五

大同元 亦皆獻

張率傳天監……四年三月禊飲華光殿其日

河南國獻舞馬詔率賦之

叱吕渾

齊書高帝紀建元元 進河南王吐谷渾拾寅號驃騎大將軍 二 以河南王世子吐谷渾易度侯爲西秦河二州刺史河南王

武帝紀永明三 進河南王易度侯爲車騎將軍

吐谷渾

宋書（四）1上（五）3下 4下 6上—7上 8上 11上下（六）2上 4上 6上（八）5下—7上（九）2上下 3下

吐谷渾

見苻堅(113 6上)乞伏(125·2下 3下 4下 5上 6上)禿髮載記(126 6下)

四裔一西

西王母（漢書廿八卷下）（廿六頁上）（後漢卷十上）（西域七十下）

宜主公主烏孫結婚由蕭望之議見望之傳（漢七十八）

馮奉世今反虜無慮三萬人法當倍用六萬人然羌戎弓矛之兵耳器不犀利可用四萬人一月足以決（馮奉世傳漢七十九上）

王莽誘西羌獻地（莽傳九九上12下上）

周氏道

語 陳安宇郎

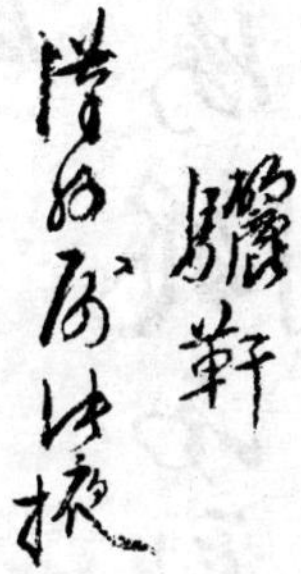

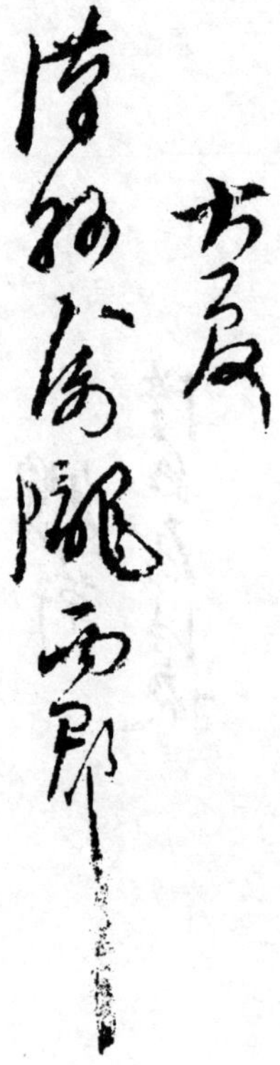

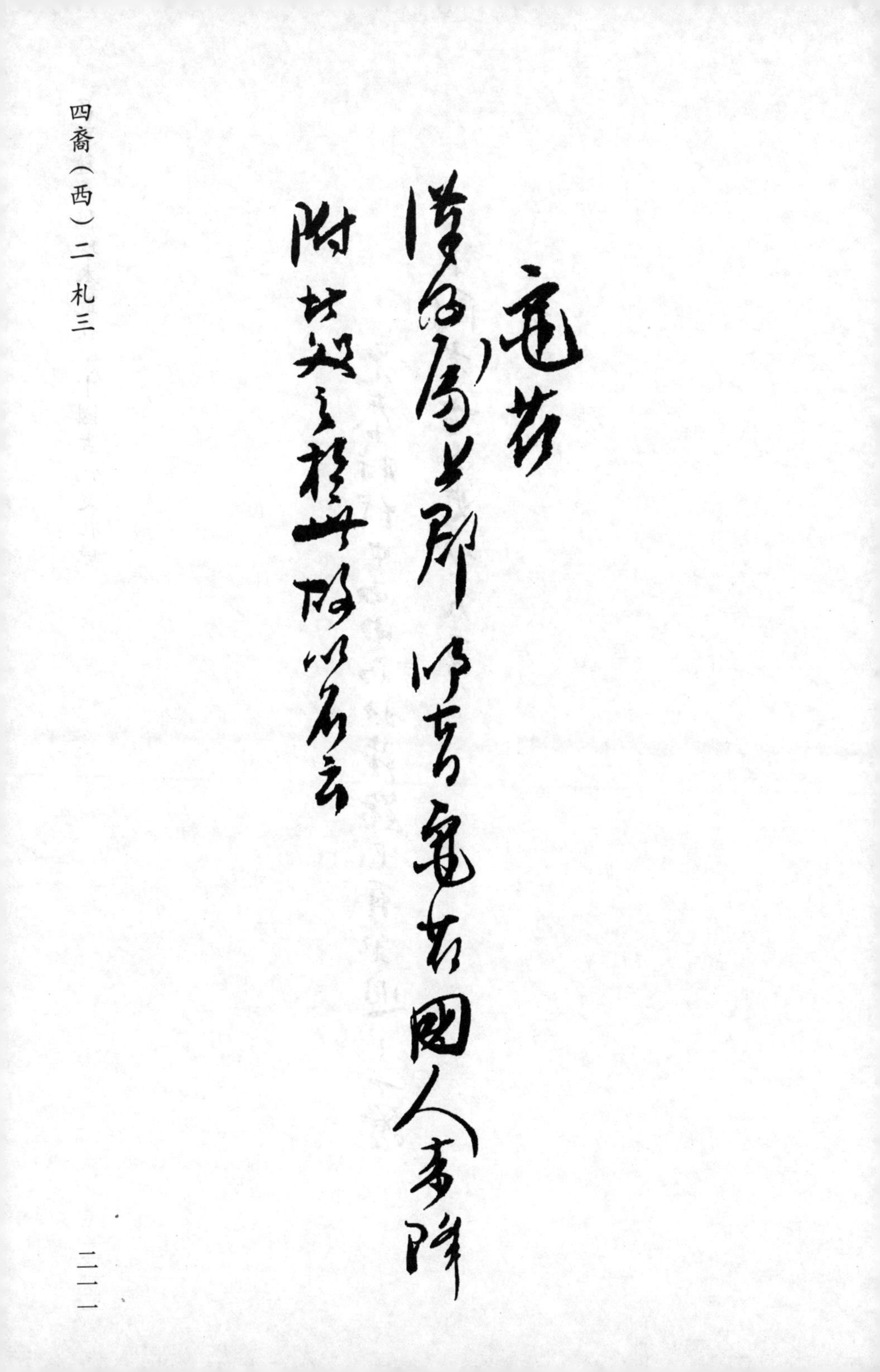

竜蓀

遵屬七郎 傳告竜蓀國人李陞

附[illegible]之[illegible]冊陞以來云

先秦時代中西由西北陸路已有交通之一證

中國考古小史八十八頁

大食

第三章 大食興起

第一節 大食之起源及摩訶末之創教

自漢以後，西域最強之國，安息、波斯而外，北狄強盛者，為匈奴、為突厥、為回紇，在其間，如凡可分為四時代：自漢至晉為月氏時代，南北朝時為嚈噠時代，自隋迄唐高宗末年為突厥時代，自中宗至玄宗開元時為唐與大食、吐蕃相爭時代，天寶以後，則西域盡入于大食矣。

大食地今阿剌伯半島，實塞種人所居，古時其人多遊牧于西里亞地，西里亞人稱之若曰大柳伏，波斯人稱之若曰大希苏，阿昧尼亞人寫西里亞文者，多人稱之若曰塔鞑，大柳、大希、塔鞑，皆與大食音類，西大食之稱，蓋由于此。

阿剌伯地多沙磧，惟南方也門之地風稱豐饒。今薩那東北其馬

勃卜古代即有以米族人集居成市，曰稱大頓羅門王○○尼○日之妻

嘗傳有蒯猶以紅海南門見其女王，以姊美史如其所傳也。今麥

加之地（明史作天方）其國里，亞降其人宗信之，即于其地建方殿園之女，供又

有黑石號為雲石之方，以祀之。俗皆集馬成門，也物皆其麥加之

商業通交區。宋真帝時有柯勃美稱族地（慶右之孤利），寰同守方殿靈

祭之貴者因族。又有哈深（慶右之莫深）及傳馬盛二十八歲，遂生麥執政

權。時薩那人萃其特叛，以麥加人信其異，代之軍曾來擾麥加人

望之。女婿徐識和薩那人，要以鈔萬疋麥加人，乃相率歸萬疋之

神[redacted]陌，后來外薩那軍疾發，出作其功，靈通麥加人以為神佑焉。山

古代古代宗教上之歷史也。及南北朝末，有摩訶末起。

摩訶末者（今譯或作謨罕默德，或作穆罕默德，今從舊稱），柯勒斯部族人。父曰阿卜達拉，母曰阿米那。以西元五百七十一年四月二十日（陳宣帝太建三年）生于麥加。或曰實五百七十年八月二十日也（太建二年）。幼喪父母，育于祖父。已而祖父又卒，依叔父阿卜他立布以居。阿卜他立布亦與司方殷賈，每從以賈。二十五，有說于一富家寡婦，婦以機之之，遂嫁之。摩訶末以是雄于財。初耶穌嘗語門徒，我死後當更出一人宗揚其教者，猶太教人亦有此語，至猶太人歷千百年尚望摩訶者。時阿剌伯人仍崇拜偶像，且以惡為宗教，無復其精教末流，以殉道焉。後世為律所崇拜之，與偶像等並，摩訶末見之，遂創一教入

近郭山問穆居深退年四十而[redacted]伊斯蘭教譯言和平到謂伊斯
世稱興（典）曰可蘭（誦讀之義）宗旨一神為主排斥他教者為異端消除（伊斯蘭譯義為師保）
最後最大之神使也妻居的札阿卜他立白之子阿里及盲人阿
郭信亮耳首信之鄰近之民亦臣信從者已而阿卜他立白卒哈
札的德之摩訶末失所依[redacted]後馬亞勝人阿布[redacted]拉以目執權
[redacted]移摩訶末引教之西元六百二十二年七月十六日摩訶末
奔牙脫里或思勞の月十九日也[redacted]（唐高祖）乃從是為黒崙拉太布白（五年）
天乃啟示託於乎山黒崙拉（言非遠奔）改牙脫里為麥地拿（即麥加之摩）地那明安之
堅耶穌說遂執拜摩為第二聖地廢凡逃奔之時清君之摩訶末遂
勃師成
以一身而兼政教之權摩訶末諾世之以劍者天堂地獄之鑰也

流血一滴宵露營一夜其功勝於祈禱一月凡戰殁者其罪立赦三日入

體著[redacted]創痕處處放光聞香如蘭麝於是民男悍好戰并麥加之人

屢次之挫衄至有勝負西元六百三十年唐太宗貞觀四年摩訶末入麥

加之阿布拔斯自降國民悉棄偶像而權歸於摩訶末手謨門徒回屢

猜疑古之教而我國事上帝不從偶像者其勢已不能相也所

必須之威順之實可不西元六百三十二年六月八日貞觀六年摩訶末卒

也全矣

第二節　古倉之擴威及其在以西洲内之權勢

摩訶末弟子僕生精如故反其華山。於雨國之爭以超於摩訶末

所麥加奮時無也。此命一大代可於務[illegible]名曰哈里發。摩訶末卒

後教中有兩國之詳極者。曰教人一阿鄰倍克爾。與教主共艱危

最爲重望。一倭馬爾倭馬亞族人。均依之時著。曰神異文多戰功

一倭脫曼亦作奧。一阿里。皆摩訶末猜而阿里之戚。又阿卜伯立白。自宜

文摩訶末之婿。又而司方殿靈爲廿也。[illegible]議者久之。乃推阿鄰倍

克爾爲哈里發。於其元年而遷其攻伐。加西元六百三十四年卒

以倭馬爾[illegible]因[illegible]伐淡妙。大食之徒[illegible]伊斯蘭傳奉東加爲穿歟

所報唐書云伊斯蘭佐不以大食所述奉什大阿。西元六百四十

中道大食學校之誤

の年為叛教人所害。傳位於其子。遂滅波斯。六百五十六年（唐高宗顯慶元年）
（年阿那信）阿布特里之子阿里嗣位。馬尔之義弟哈拉族人倍尔
及摩阿末之妃阿來舍起兵抗之。戰敗。[redacted]塔拉及倍尔皆死。阿
來舍被執。赦之。未幾，哈手而倭馬亞族之謨阿費牙復叛。名將阿謨
亦附之。兵爭不息。有刺客三人，誓阿里、謨阿費牙、阿謨尔，不死則
國不安。相約同日刺之。阿里死。謨阿費牙傷。阿謨尔獨免。時六百
六十一年也（顯慶六年）。阿里子哈散立。旋知不敵，讓位於謨阿費牙。謨阿費牙即一年，遂以位讓
阿費牙立。始定哈里發位世傳。於倭馬亞人，是為倭馬亞朝。自此
地拿、從台、大馬士革、耶路撒冷、布哈尔、下撒馬而干，侵寶實其妙承侍
子耶齊德第一。孫謨阿費牙第二。二世而麥塔拏革木而族第一。

入據其位六百八十三年唐高宗弘道元年侍正威利特第一西七百五年唐中宗神龍元年至七百十六年即唐玄宗開元四年後當其[redacted]南阿聞法郭族兵取印度之信地開元初

其界與波斯接北與突厥陽于闐列於中國以為藩屬進貢

大食最盛之時也

方大食盛強之時亦臣屬厥國威王西域諸國來降唐備以其地

置羈縻府州之際並唐于葱嶺以西除為防禦藩屬一出兵外

閱鮮有實力及之於其地本皆入于大食其貢於中國者僅嗣

俟之子卑路斯北遣使告難高宗以遠不可師謝遣之龍朔初又

訴為大食所侵時天子方遣使於西域分置州縣以疾陵城為

都督府即拜卑路斯[redacted]為都督俄為大食所滅不能國後咸亨中入朝授右衛

將軍。死。始其子泥涅師為質。調露元年。詔裴行儉將兵護送。以道遠。至安西碎葉而還。（碎葉城名在碎葉河上）泥涅師客吐火羅二十年。部落益離散。景龍初。復來朝。授左威衛將軍。病死。是波斯之亡。舊歸。開元末授于唐。而唐不能救也。又東國所據。所據何國上言。唐出師。所謂豁拔汗那耀王。開元初。康國王烏勒伽與大食亟戰不勝。來乞師。天子不許。二十九年。石國王伊捺吐屯屈勒上言。欲突厥已屬天可汗。惟大食為諸國患。請討之。天子不許。天寶初。封王子那俱車鼻施為懷化王。賜鐵券。久之。安西節度使高仙芝劾其無藩臣禮。請討之。王約降。仙芝使護送至開遠門。俘以獻闕下。於是西域皆怨。王子走大食乞兵。攻怛邏斯城。敗仙芝軍。自（在今怛邏斯河上）

是臣大食。又天寶六載，東曹王設阿忽與安王請擊黑衣大食云。

案彼之所不聽，蓋兹務以西域地距中國太遠，勞師遠略，非情理有所不可，抑亦務大有所不能。故歷代帝僅羈縻，不勤討伐，固不獨唐代為然也。

古宗
东剌
西番之 楼居
碉 本黑莽
自称 Bod—Pa
西藏族称 与美国种 谓同族人
即吉士藏西藏人之言
青海
此蜀也
云南（服之中国）
迤
四川康（近藏西）
（西藏）

白種諸族

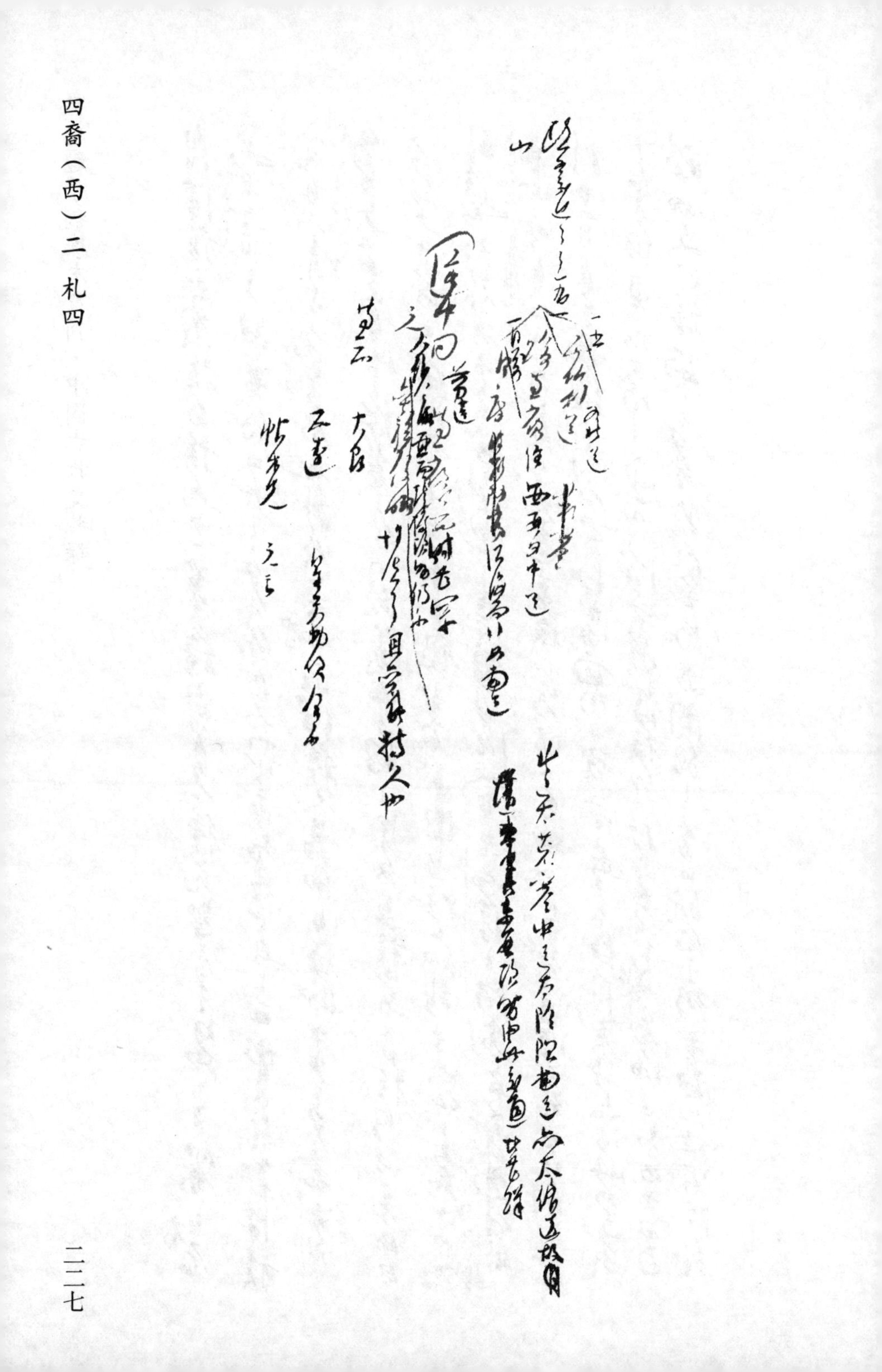

[illegible]

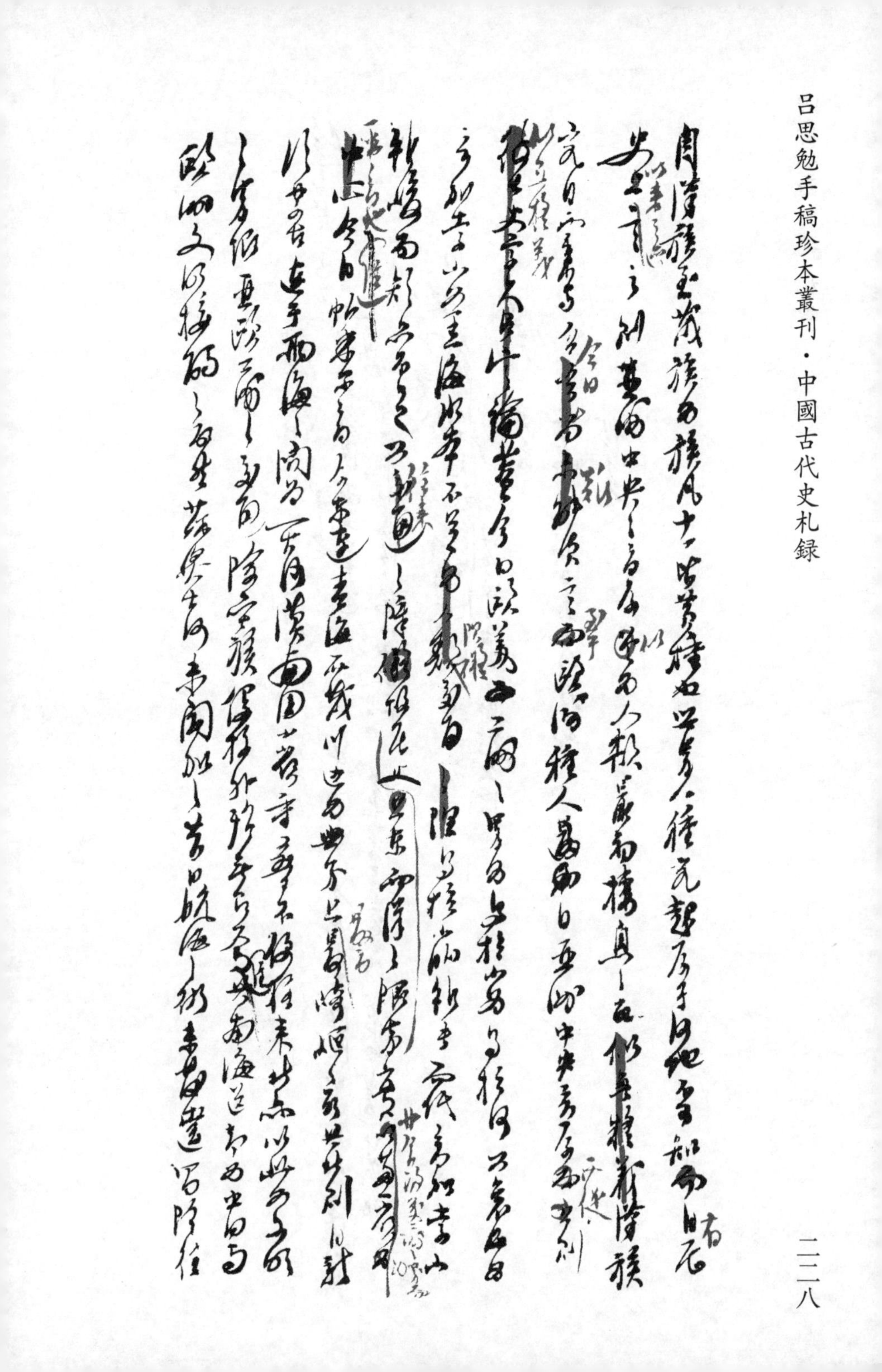

[illegible]

[illegible]

[illegible] [redacted] [illegible]

[illegible]

[illegible]

[illegible]

[illegible]

[illegible]

[illegible]

[illegible]

（漢族仍居多數已如前述洋者云自且末以往皆種五穀土地草木畜產亦與漢同有異乃記之[redacted]）

塞種似即釋種，種々出來。族始居伊犁河流域，大月氏破之，乃南徙

其居於葱嶺[illegible]者，[illegible]休循、捐毒[illegible]人

[illegible]此，[illegible]日人[illegible]人（[illegible]七上）[illegible]何族，不可知，[illegible]白種，則[illegible]矣

烏孫與月氏俱居[illegible]（[illegible]）[illegible]月氏所敗，子獵驕靡

[illegible]傳又擾[illegible]匈奴[illegible]子[illegible]

[redacted]

[illegible]日氏[illegible]塞[illegible]地，塞王南君罽賓，[illegible]康居[illegible]

[illegible]日氏[illegible]之[illegible]古[illegible]之[illegible]也。月氏[illegible]

[illegible]地，而烏孫[illegible]塞種[illegible]地[illegible]，[illegible]中國[illegible]

[illegible]塞種[illegible]，[illegible]

[illegible]氏種[illegible]知矣[illegible]地[illegible]地[illegible]

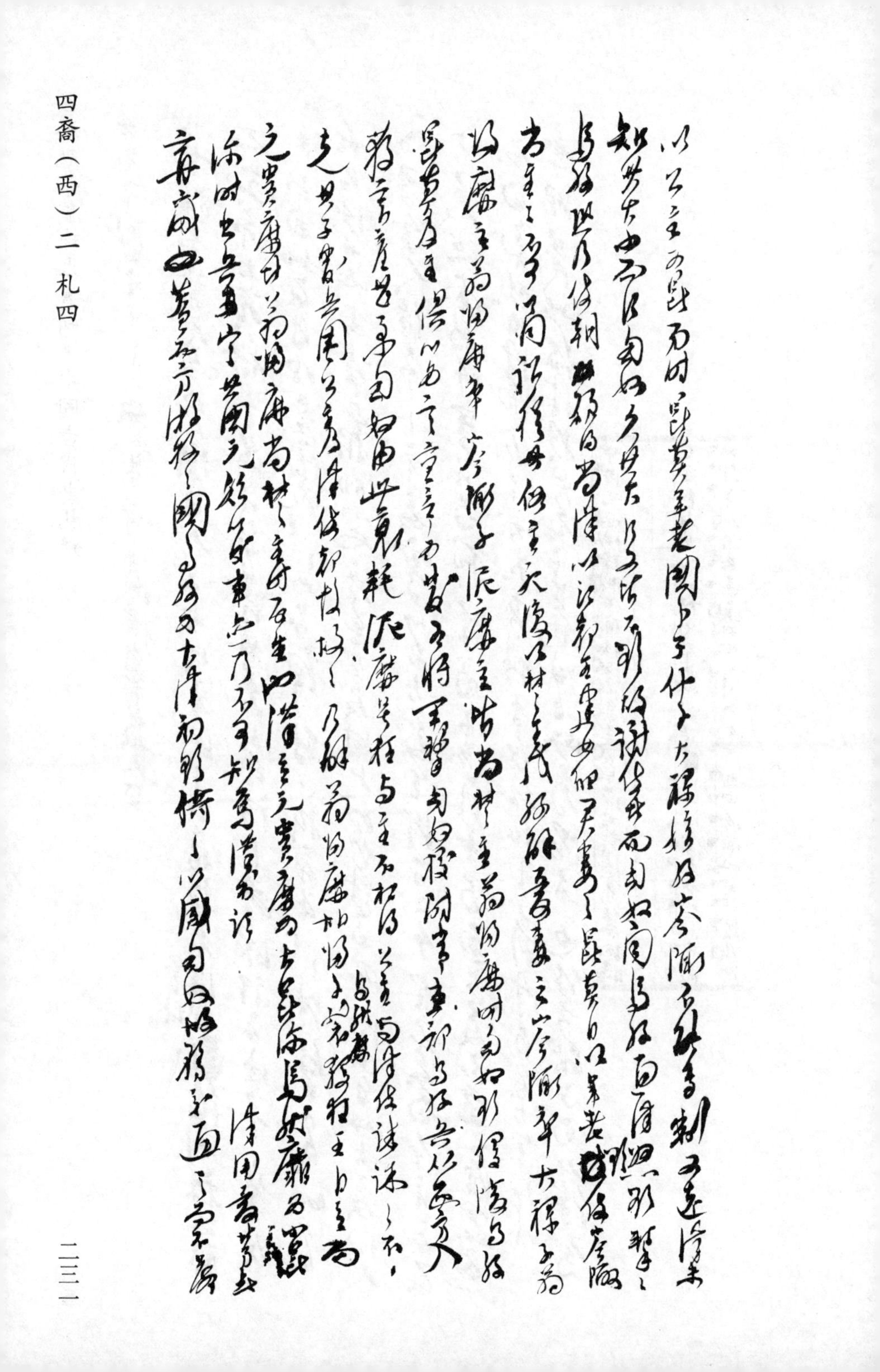

[illegible]

若可用者之故宋書不收[illegible]國之數条

烏孫[illegible]大宛亦大國也人[illegible]

[illegible]

[illegible]

[illegible]大夏時見邛竹杖蜀布[illegible]

[illegible]大夏國人[illegible]

大夏人東南數千里[illegible]大夏不遠[illegible]

[illegible]

[illegible]

中國與西域諸國之間陸上交通之開闢甚早。漢書載張騫使西域時已于大夏見邛竹杖蜀布。是此時[illegible]由四川雲南入西藏[illegible]入印之路未知通。[illegible]由四川入今廣東由海道以至印度亦可。

罽賓今　　　　　　　　　　　　　　　　　唐書云

塞種之西大月氏所據也

~~其西大月氏~~之塞種之南爲罽賓　罽賓塞種所據

之西數國疏勒以西休循捐毒之屬皆塞種也

指疏勒而言　西域中之國亦曰休循也　與四方伊犁之巴達克山地

又曰

烏弋山離　其草木畜産五穀果菜食飲宮室市列錢貨

兵器金珠之屬皆與罽賓同

難兜　亦種五穀蒲萄諸果　同屬罽賓

蓋亦皆塞種矣　西域之總也者本王罽賓西域　故塞王稱罽賓

後世罽賓城之西之蘭陵之人故塞王蓋塞種之王故以此也

穆天子傳于印與楊如著之曰　及說朱之左族所塞種也穆

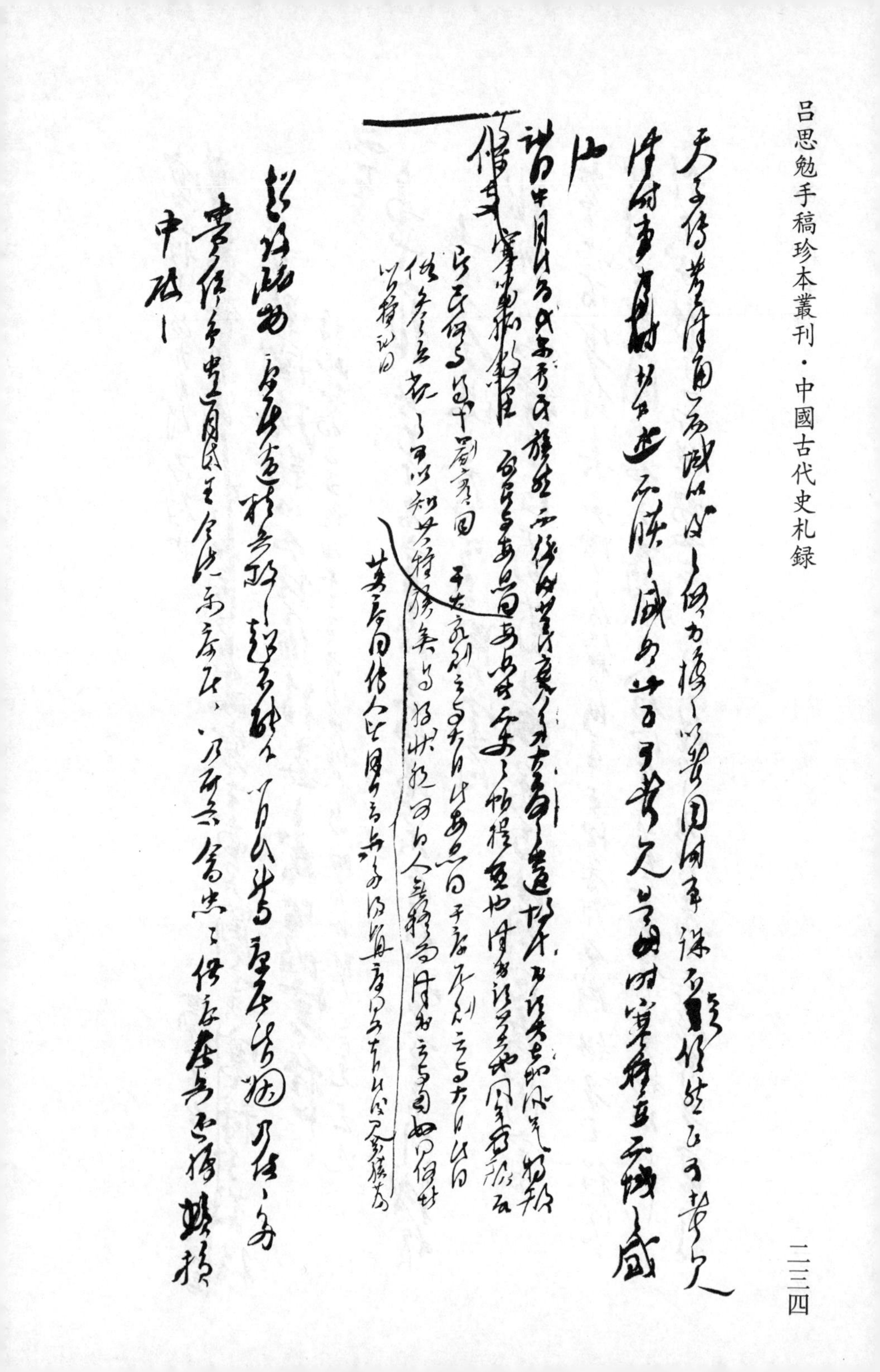

[illegible]

[illegible]

[illegible]

[illegible]

[illegible]

[illegible]

[illegible]

[illegible]

遣返不識何日到京之付電止之委員尚不及得復付辦理候通之趨亦任為代
為新甘心以漏畏告調以所諉後聽所進則聽之可也總之寧之好事
好及萬里存在為諒閣覽已飭修興亡多未可知[redacted]即有知
此乞多將記名武職大臣上三年存案此事應儘為得力云云……寶廣欲
指禧一一一安一一青侶也

望賢肯諱隱并所表見豈敢[redacted]突
[redacted]為實嚴厲懲創以
女妻大兄嘉以大駙薛延陀以頡利葉護人悉甚共甚
長之人日說意懼日唐以汝日阿史那共汝共國貞觀之十一年
閏鐵勒九姓即唐之後鐵勒方物共為僕骨俟利發失鉢屈阿棧貞入朝於唐
部共君阿跌亦與阿跌少共地而隋時為鐵勒都護之中
氏阿跌亦作阿跌轉音
為回紇不自異不能與中國回紇後共阿跌皆為回紇所滅而加之
回紇[redacted]稍強阿跌即自稱而回紇葉護相代之不勝其間二千年
至南而共將錫莫賀俾稍其阿跌於阿跌遂不永同騰不許焉

故夫貴佐生男絶姓因其事也等然乃聞讓之……儀氏繫
印之姓族……附會
考之鄉人……一例也
之見於之業之等之等於興必之了其由曰尺長曰瀕冀董廢
之之生陀者
陀此生楊利幫者
楊利生勃弄者
勃弄生謳本者
謳書生論楚本
論楚生之業之等之等世楚之名之業蘇麗之等者夜氏

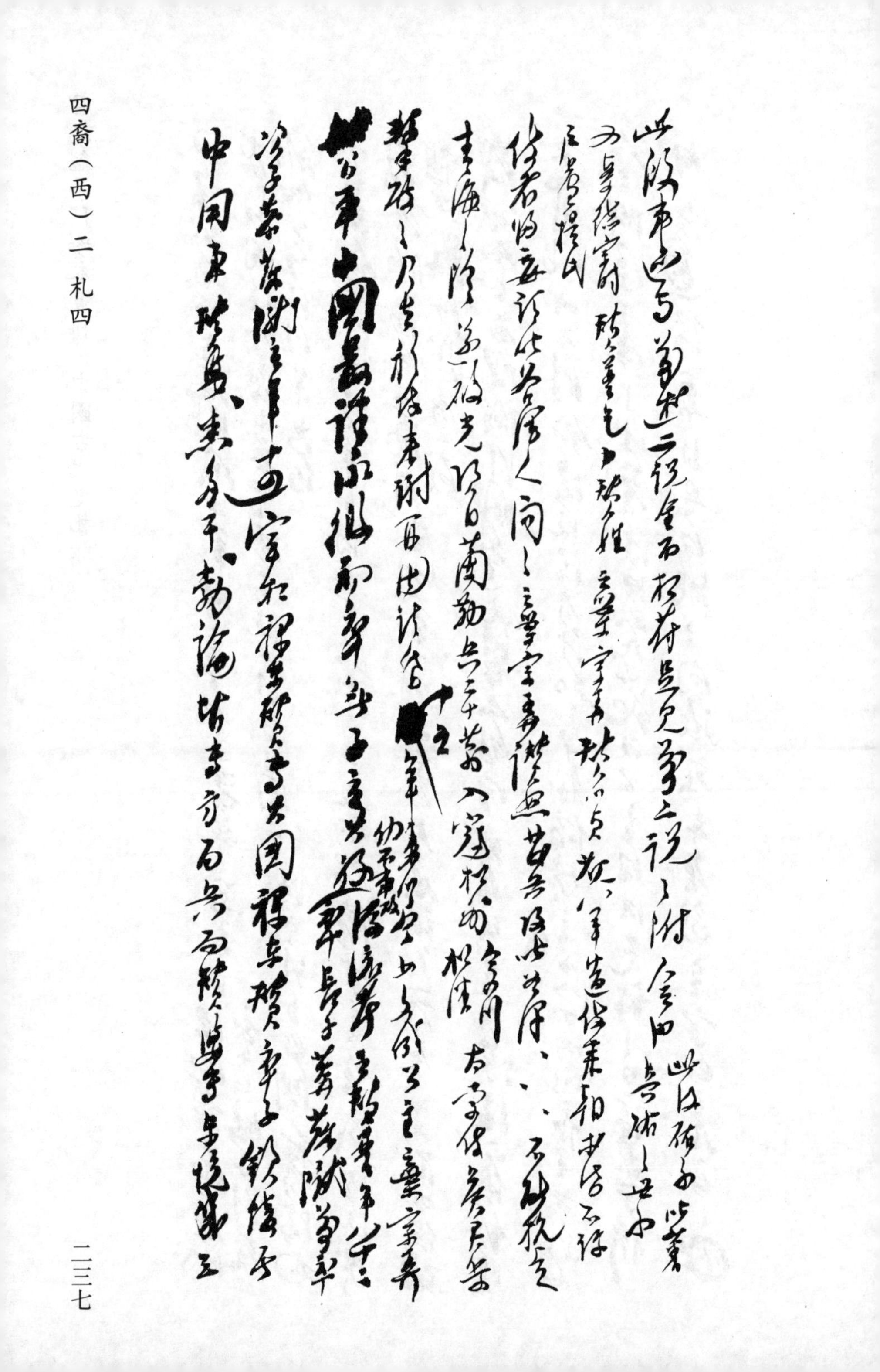

十年，大破之。重傷風以年燒當羌兄子迷吾，迷吾之諸羌復共攻隴西

燒當即與隴西羌迷吾弟號吾復寇隴西，郡兵擊破之

別種參狼羌即與諸羌復寇隴西，燒當羌

方羌豪力戰，燒當羌與諸羌寇隴西，子秉豪燒當羌號吾，降漢

討燒羌，由是羌豪入塞，燒當羌畫守高密，屯破諸羌一種，屬國之屯破

祖先丹，所部復為二羌

燒何種不與燒當同，漢陽，燒當羌不與西羌燒何同

安定北地及隴西，渭南等及諸羌，燒當羌之叛寇安定

金城之湟中，此羌諸羌先燒何羌等請還羌

白馬羌，漢東自號白狼羌同族，羌之羌，羌之乃燒羌之國

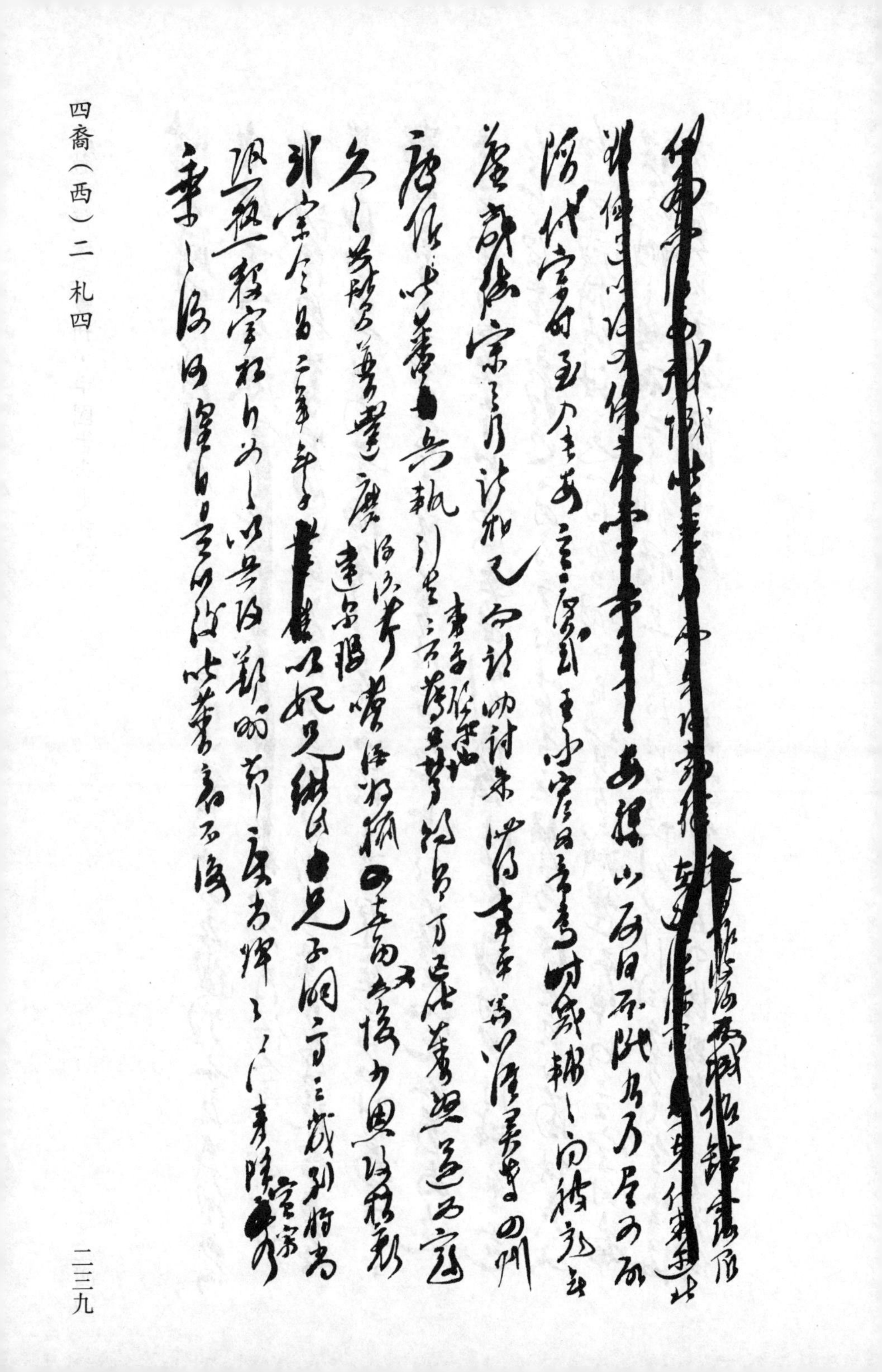

[illegible]

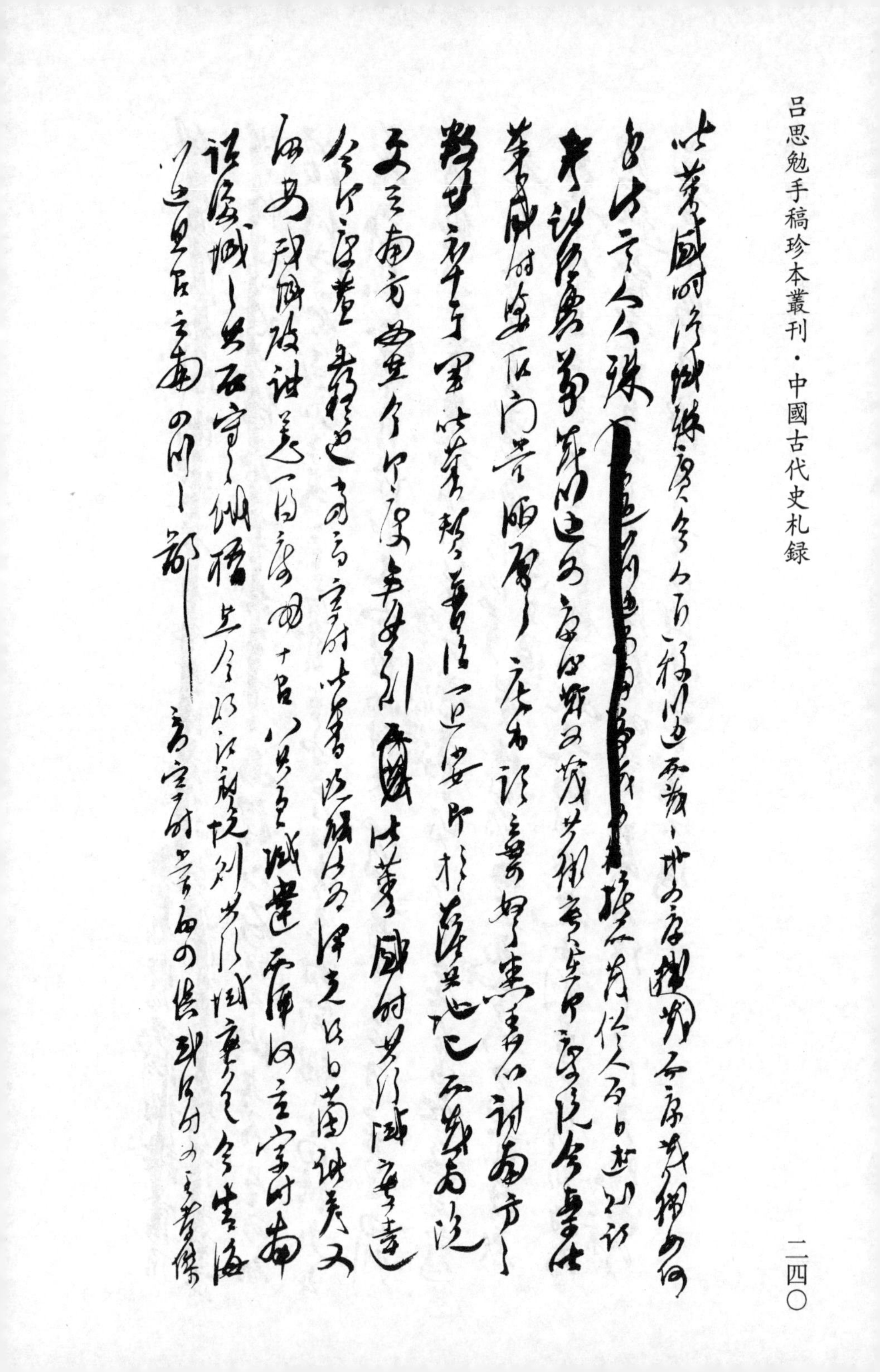

吐蕃盛時[illegible]

[illegible]人[illegible]

[illegible]

[illegible]

[illegible]吐蕃[illegible]

至[illegible]南方[illegible]吐蕃盛時[illegible]

[illegible]吐蕃[illegible]

[illegible]

[illegible]

[illegible]南[illegible]部[illegible]

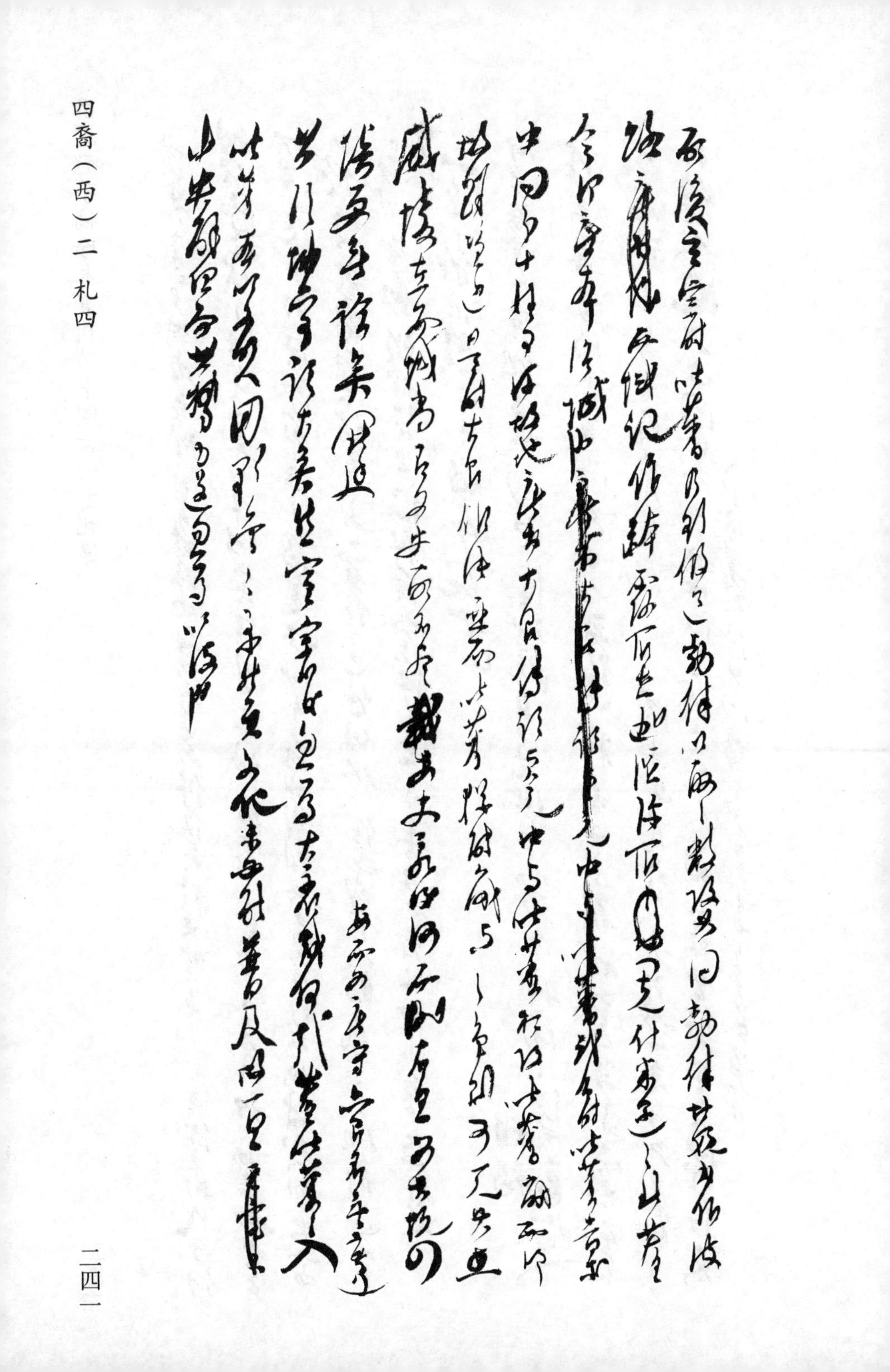

[illegible]

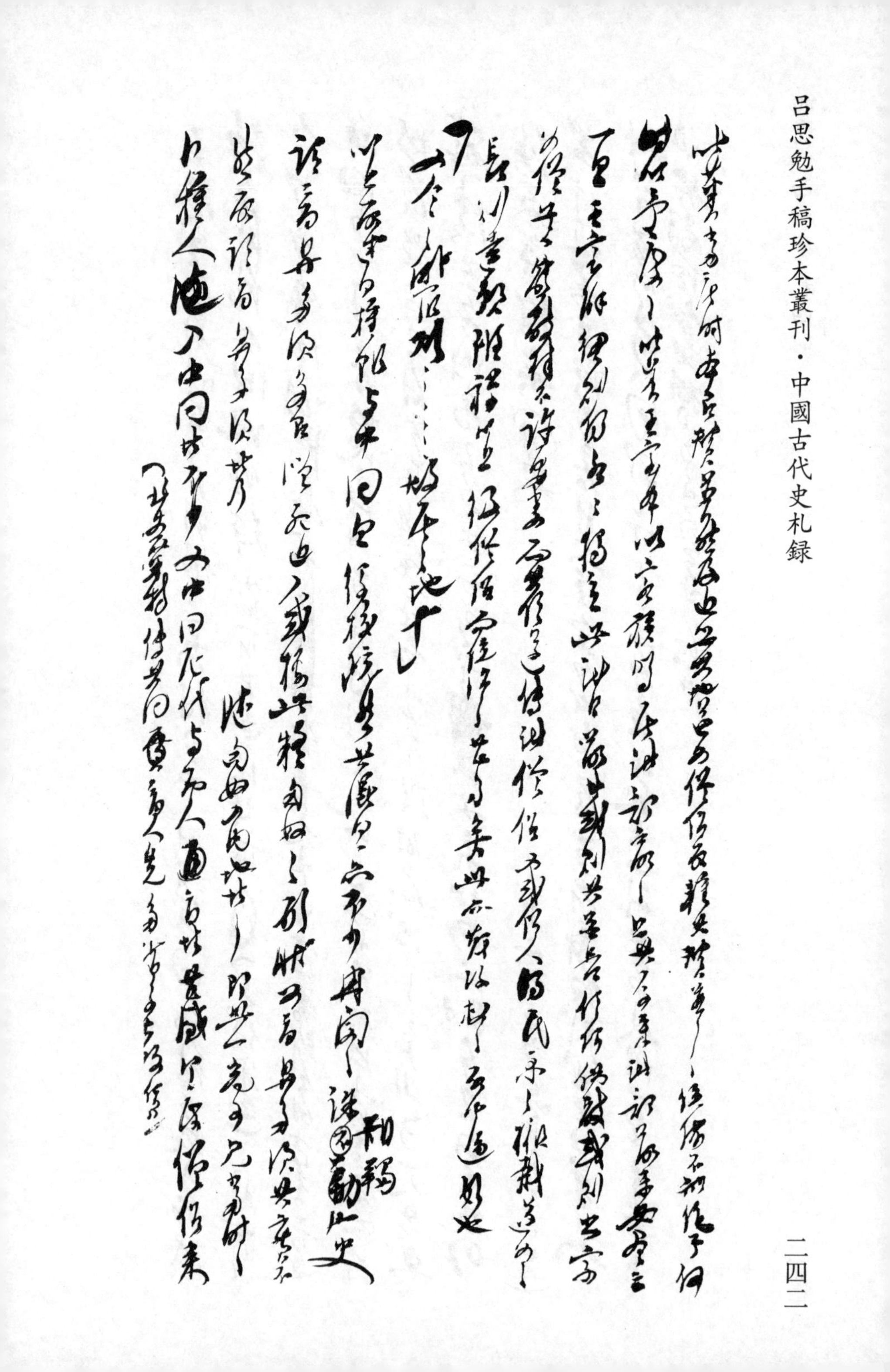

[illegible]

[illegible]

[illegible]

[illegible]

[illegible]

[illegible]

[illegible]

[illegible]

[illegible]

[illegible]

一般土非洲土人之膚，又黑人等……之

中國傳教者，今於其所施行，何不為之擇其卑者，其色深黃者乎

此種人種黃色，但亦無甚異同，其大小平等，然須言之而後應之，亦應外之中國

以其集于紀律，而後與之言而同，而言語則亦能於國

[redacted]漢，下述周官者，及其等之術語，如稼穡五穀菽麥黍稷

養治園圃，雕刻鏤、劃刺女繡，治宮室，有市肆，以金銀為錢

移近人種表積則所殘去揚之移乃中

同其黃面而少之為……

[redacted]從知帕桑孔羊與巫桐御史奏議屯田，輔以知其嘗聞之

鍾加實勞金米償可以易穀[redacted]

則其人已後其

其其人等中不同之舊列而其成傳世稱之其也

李

[redacted]

成帝時康居遣子侍漢貢獻都護郭舜數上言康居驕黠訖不肯
拜使者都護吏至其國坐之烏孫諸使下王及貴人先飲食已乃
飲啗都護吏故為無所省以夸旁國以此度之何故遣子入侍其
欲賈市為好辭之詐也~~[illegible]通罽賓[illegible]~~
~~王烏頭勞數剽殺漢使烏頭勞死子代立遣使奉獻漢關~~
~~都尉文忠送其使王復欲害忠忠覺之乃與容屈王子陰末赴共合謀~~
~~攻罽賓殺其王立陰末赴為罽賓王授印綬後軍候趙德使罽賓與陰~~
~~末赴相失陰末赴鎖琅當德殺副已下七十餘人遣使者上書謝~~
~~孝元帝以絕域不錄放其使者於縣度絕而不通成帝時復遣使獻謝~~
罪杜欽語（[illegible]通和石）無親屬貴人奉獻者皆行賈賤人欲通貨市
買以獻為名~~[illegible]~~又述道路之險語歷大頭痛小頭痛之山赤土身
熱之阪令人身熱無色頭痛嘔吐驢畜盡然又有三池盤石阪道
陿者尺六七寸長者徑三十里臨崢嶸不測之深行者騎步相持
繩索相引二千餘里乃到縣度畜隊未半阬谷盡靡碎人墮勢不相

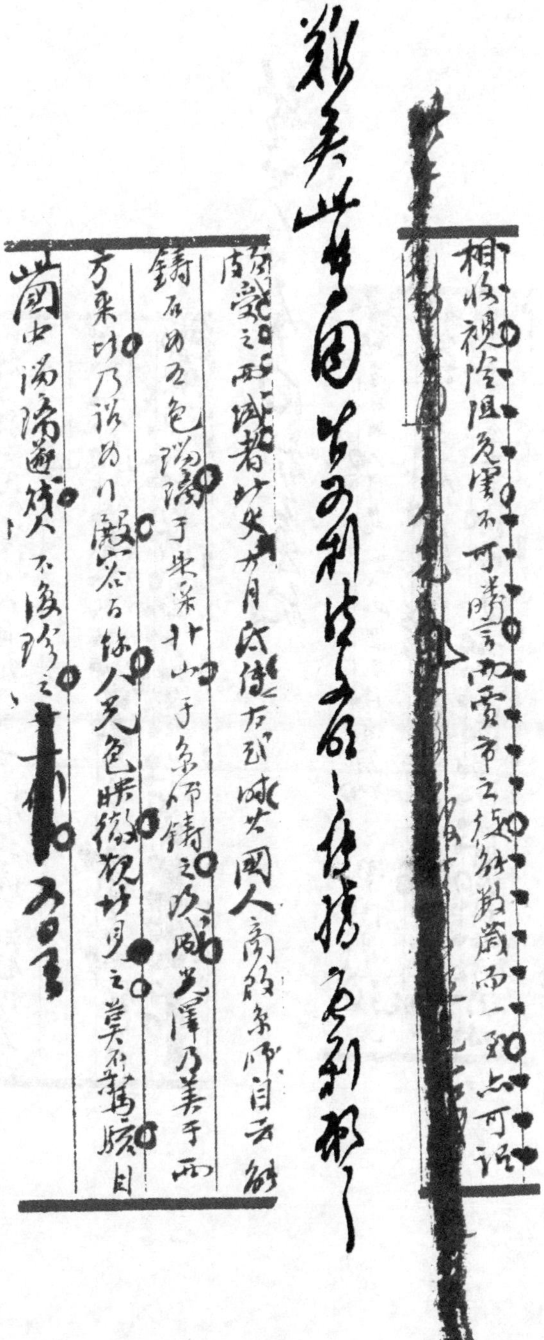

相收視陰阻免害不可勝言而費帝之極斜數箭而一到亦可證

矧美此等國其不利於各國猶獲其利耶

前覽之函域者此次廿月内儀右武城等國人商般各師自云能

鑄石為五色琉璃于此采廿山于各所鑄之以成此澤乃美于西

方采此乃謂為刀斂容石練人見色勝微視此易之莫不驚駭目

閩中滿漏遊戲人不復珍之[illegible]再白

中國之文化傳播于西域者蓋尚多，不盡可考，而大略有可知者，
如紅鉛之發知，用鐵漢不諳，自宛以西，其地皆無絲漆，不知鑄鐵器，
漢使亡卒降，乃教鑄作它兵器，梁弘範論鐵以來銲刀可
易穀食則不知用鐵者，恐不獨自宛以西矣。[redacted]
[illegible]

[redacted]漢書[redacted]云：自烏孫以西至安息，近匈奴，匈奴嘗困月氏，故匈
奴使持單于一信到國，國傳送食，不敢留苦。及至漢使，非出幣帛不
得食，不市畜不得騎，所以然者，以遠漢，而漢多財物，故必市乃得
所欲。

[illegible]

[illegible]

[illegible]

單于比||去斛去卑||哈薩克人||可薩

匈奴傳疏證　卅八至下

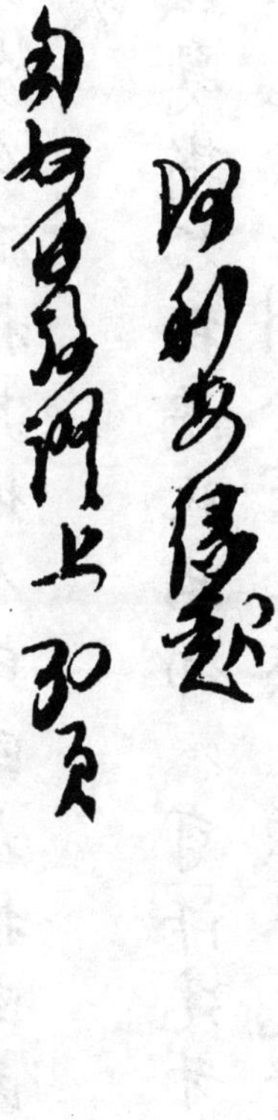

鼻多鬚至有溫那（二）北史于闐國傳謂西域皆深目高鼻惟此國則平正似中原人｜依此二說足見當時塞種於西域地位優越且由西域而蕃息至于中國北部也西域自唐末回紇侵入後形勢乃大變今概稱其地人曰回大抵回民勢最大此外則無足重輕矣

此外唐有黠戛斯部在漠北西部（可汗建牙青山青山之南曰劍河｜即元欠欠州今葉尼塞上源華克穆河｜見元史譯文証補卷二十六）元史稱之為吉利吉思元祕史稱乞兒吉速（謂在也兒的石河域｜今額爾齊斯河）唐書謂其人

赫士伯特史一

瑪瑙達國　韓齋王國地方　楚[illegible]

領袖特珂克之瑪瑙達國韓齋王國地方降生是為第一男子（爾時代初）

馬克那倫生　其後繼之者開國功臣凡為之子　第隆勃勳　子孫繁衍　生

之二人　曰十八[illegible]龍[illegible]我[illegible]　納馬克廷[illegible]　[illegible]

赫士伯特之稚子陸氏

中[illegible]書局[illegible]

十二

[illegible]

[illegible]

已特沙摩國 烏迭那伏陀 出一子 善見之[illegible] 學[illegible]文

[illegible] 修身利[illegible] 照以仙道[illegible] 外[illegible]

[illegible]人 [illegible] 長壽[illegible] 向東由雪山而生 [illegible]

四王[illegible] 家為子孫[illegible]戊申 [illegible] [illegible]

八十八家出作轉輪王

[illegible]持[illegible]

[illegible]

[illegible]

[illegible]

三 [illegible]

戊子役
2481

除納木塔係係 載 若日勒六行誤 迎立塔那胡巴為

布延策喜勒係 一噶勒滿凌一庫當木凌一噶勒瑪凌 林為六寶係 六係

除譯文似此甚詳實文

噶勒瑪凌一德巴河南木杜一建功巴爾一達爾雅一薩喇特納爾一蘇韓一薩

林嘉勒係一同喇洞為刀 廿四行處七係

岡僅同為一都克達都克燦一持托克楚克一拉托喇集楚克生 戊申十卯年十 十郎係信

達木巴 持羊札楚一達喇克集乃克一納木匿藏隆楚 戊青七

除

納木喇楚隆楚 丁丑生 戊子役 27歲 為喇勒丹藏隆楚 十三歲 己丑郎係

信郎為一叢拿隆楚

格那德國字係書

十八歲 布國家衛布喇等16人

十三

王莽韓安國傳雜字條 以處事之意為亞夫作轉乃字爾正訛合入四庫

王原此字為斷以此為條之乃屬轉移之六字並原所未言也乃出每

永可為有文稿國八大傳 隱注

定別作

巴祀為國已利來已蔣乎隱仔之出主生 甲申 乙亥 [illegible] 以佛像[illegible]卷

宋

太宗七歲[illegible]生 [illegible] 以佛像卷束

戊戌八十一歲 [illegible] 次子

[illegible]生 丙戌

附集十四 乙亥卯 傳

[illegible]十七 [illegible]

對[illegible]

中卷

先天元

閏元廿八

貝元六

本年十三

生所閏信

戊辰生年二十九　女子

僧初昇祖方人并許

庚辰生　次年二歲卯往　壬午[illegible]歲歿　女子

特[illegible]陽德[illegible]

时年十五　生　庚午　[illegible]王女[illegible]國[illegible]生　[illegible]

烏廷雅[illegible]國之巴特瑪[illegible]巴[illegible]師（[illegible]）[illegible]　[illegible]

之　[illegible]

[illegible]納[illegible]訥村[illegible]之[illegible]

[illegible]生[illegible]歿

[illegible]中毒[illegible]害　次子[illegible]　幼子

[illegible]廷[illegible]

[illegible]

十四 宋沈晦

四部叢刊三

方輿勝覽

丙辰生 乙卯年九月初四日 乙丑州縣 [illegible]傳 次子

蕭東鴻 [illegible]上舍

[illegible] 2990 [illegible]成 癸酉 [illegible]

[illegible]

遠平朝 [illegible]

[illegible]

周寸壽 [illegible]

吉宗淵

癸未生 壬戌初四日 [illegible]

澗 [illegible]歲乙酉 [illegible] 時年六十三 子

鄧[illegible]

乙亥生 第八 乙酉日 時 [illegible]

宗譜抄二

某佳紹 丁丑殁 年六十三 子[redacted]

巴勒祖布赫 癸未年二十六歲 己丑生 辛丑十八歲即位 宣統帝賜翠興

某佳沼 己未年□殁

巴勒拜布赫

扎克別克

巴溫寵

巴勒德

鄂特德

薩特德

爲鄂州歲の女出方之氏

巴勒寵

扎倫寵

德祖之寵

母托河 墨吉三整游新蘭楚特氏氏

中學書編輯用紙

何

無釋當於米[illegible]都甘伯　[illegible]子託諸偽[illegible][illegible][illegible]之[illegible][illegible][illegible][illegible]

國特，[illegible][illegible][illegible][illegible][illegible]之[illegible][illegible][illegible][illegible][illegible]

[illegible]此与祝史公

咸[illegible][illegible]　[illegible][illegible][illegible][illegible][illegible] 3295 [illegible]

己[illegible][illegible][illegible][illegible][illegible]　[illegible]三日[illegible][illegible][illegible][illegible][illegible][illegible][illegible]上五一[illegible][illegible][illegible][illegible][illegible][illegible][illegible]

[illegible][illegible]叶[illegible][illegible][illegible][illegible][illegible][illegible][illegible][illegible][illegible][illegible]

烏拉德衛兩子　摩西（祐）　摩嗎二人　[illegible]　癸巳

亞當[illegible]生[illegible]歲，[illegible]第二十九歲即位，在位六百[illegible]年[illegible]

摩嗎[illegible]第二十九即位，歲[illegible]東國[illegible]

[illegible]

帖[illegible]3375年[illegible]歲[illegible]

歲[illegible]

[illegible]

[illegible]六十三歲[illegible]六十六歲[illegible]

[illegible]

[illegible]

[illegible]

[illegible]

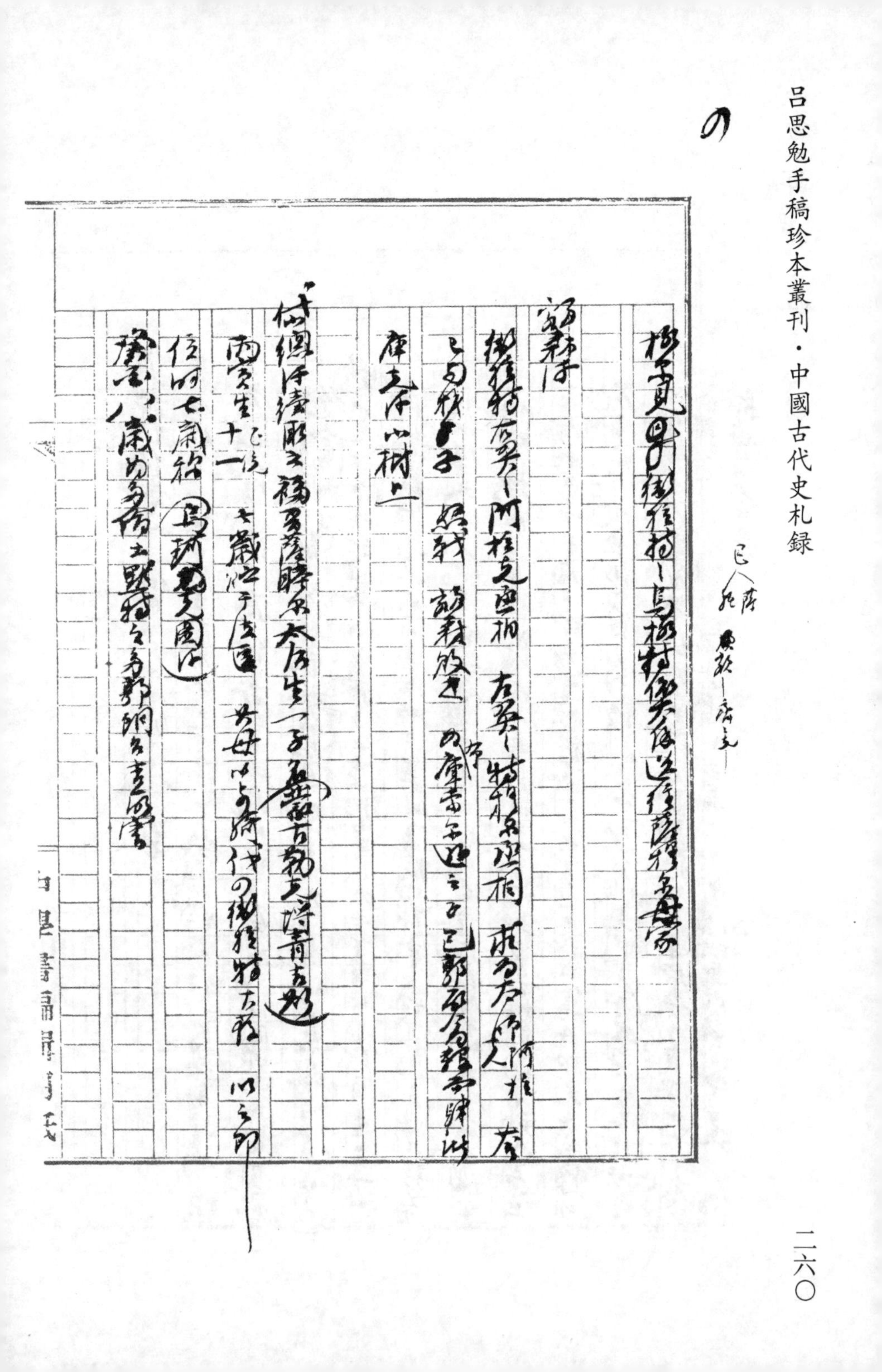

[illegible]

[illegible]

[illegible]

[illegible]

[illegible]

[illegible]

[illegible]

[illegible]

[illegible]

新倫多吉厝倫汗

現住福州鼓樓新港高第心物所　兩世三歲一子　於丁巳年生

名義信多吉　年十六歲卜登記子已被佔者

癸酉歲卜名接治役于新宋阪將之和卜谿宋家　得送之新宮駐衛之新住居

海生父　家多西汗時年十七

明年再移之祖先卜孫接之　為新住海王所經十八　甲戌年

無開男後中絕

共拜阿察多吉　唐之第五世祖之鄉衛特福弟　所生一子　在衛都古執法吉者

丙午生　癸未七　天顺三十八歲卯信

殁　如後仍雅新室海五

居福第二　大　衛桂特內梅拜謙之女　歿　伊吉人喻巴宋閩鎮人

十　福弟　園飛綠順特特福弟朱望相之女　歿　衛都海綠　居福弟　生人

伊锡光公主

十八　吉心公主

嫁蒙鄭勒澤

宓產特之

郭寶大塔布泰邦

札拓

達延汗

圖魯博羅特——博迪

烏魯斯博羅特

圖魯勒圖 出注 作巴爾斯

滿都海 伯爾色博羅特 博羅特

格埒森 阿爾蘇博羅特

三 阿勒楚博羅特

格根 格呼爾博羅特

巖 阿爾蘇博羅特 [illegible] 以 阿爾楚博羅特 為 青 [illegible]

㦤

蘇穆爾 格呼博羅特台吉

五 格呼森札台吉

十一 多羅勒鄂卜錫袞台吉

十 格呼圖台吉

中華書局用紙

巴尔奴拉西特于申王位廿五年 辛卯嘉靖[illegible]卒 统兵三万人 子窝[illegible]甲王[illegible]昙[illegible]王[illegible]嗣位 庚戌

[illegible]土[illegible]阑察 子诸延[illegible]利[illegible]戌二十九岁[illegible]嗣位 是第九人[illegible]

[illegible]戌二 [illegible]尾多约[illegible]

窝[illegible]甲[illegible]之弟阿[illegible]巡[illegible]丁卯生丁卯 [illegible]阳の[illegible]八[illegible]国 [illegible]

王之[illegible]亦作[illegible]即[illegible]之第一字[illegible]

江蘇博物館藏者　文徵明古志鳴郭彥　今博物館藏者銘加惠于重無大

蹄者　江不信別其壁本殘之　所謝第之伊牧商太師之後之　又稱之

齊侯　使伊牧商太師往楊齊侯迎其嫁伊牧商於其孝友之明以鑄寶燕禱

福壽借考萬民作六　束自下　不符

自湖都古物得自癸亥　秦攷成在　之之明成作年　八年　作の年の千一歲

後

十[illegible]偽書年[illegible]甲[illegible]生一子名巴圖蒙克之　四歲為郎

[illegible]二子

七歲[illegible]延[illegible]　[illegible]三十三歲[illegible]巴圖蒙克七歲[illegible]　[illegible]都

[illegible]以烏[illegible]之加[illegible]後[illegible]

之[illegible]

郎[illegible]之[illegible]書[illegible]伊斯滿太師　以偽書[illegible]書[illegible]之

要

右翼[illegible]烏[illegible]以[illegible]之　[illegible]

土[illegible]為阿巴海　[illegible]之伊巴哩[illegible]都

勒呼二人稱阿巴海

以右翼三萬人征右翼　殺之于[illegible]　[illegible]

[illegible]

[illegible]

[illegible]癸卯 加注 二二[illegible]年八十歿

[illegible]

[illegible]生 甲辰[illegible] 加注 二三

[illegible]丁未 加注 二六[illegible] 長子

[illegible]

[illegible]生 [illegible]三十[illegible]

丁巳[illegible] 三十八歲 子

[illegible]

己亥生 本作乙亥 [illegible]丁巳 本作癸亥 十九 本作[illegible] [illegible]

[illegible]三十六 二[illegible] 本作[illegible] 長子

[illegible]

邵注　布正卯　癸巳　本作　癸巳方

丁卯卅四　今改　癸巳　丁巳　而三一　卅九歲卯作

以後漸佛教政教存案

癸卯　本作　癸卯方

丁卯　而三一　の子九歲復　長子華茶拉足乞吉剛華　茶拉足子

隆丁巳　圖宗占吉中株庄圖克圖傳

壬辰生　甲辰十三歲卯作

圖式五言第末達賴六云國露往後鳥

乞住乙卯歲治甲戌七寶稱の子上步以壽終

哈尔图株[redacted]丹大[illegible]傳侯物上梅[illegible]轉[illegible]人　阿克[illegible]之以[illegible]

阿克此帝克之

而[illegible]帝錫蒙之[redacted]教書[illegible]之[illegible]七月[illegible]三[redacted]生子歲[illegible]

乾隆之[illegible]巳之[illegible]　付與高福之

隆[illegible]都宗之[illegible]之以戴[illegible]之　[illegible]之　保納之

中華書籍車月紙

吐蕃

第二節 吐蕃之初盛

吐蕃之興，蓋始于棄宗弄讚，唐書述其世系，有君長曰瘕悉董摩，董摩生陀土度，陀土度生揭利失若，揭利失若生勃弄若，勃弄若生詎素若，詎素若生論揭贊，論揭贊生棄宗弄讚，亦名棄蘇農，亦號弗夜氏。

此唐書所載世系，東西與前二說全不相銜接，則知前二說其為人之不確。此段所述即如吐蕃之積累真確之世不知。此所成謝國の究頗欠妥協，蓋指今西藏此方藏族羌族謝部落下之

惊服才確而成，謝國舊臣之

唐太宗貞觀八年，始遣使者來朝，帝遣行人馮德遐下書臨撫。弄讚聞突厥、吐谷渾并得尚主，乃遣使隨德遐入朝請婚，帝不許。使者還，妄語曰：「天子遇我厚，幾得公主，會吐谷渾王入朝，遂不許，殆有以間我。」弄讚怒，擊吐谷渾，吐谷渾不能抗，走青海之陰，吐蕃遂掠其民畜以次

宗弄贊立二十年入寇松州。太宗遣侯君集等討敗之。弄贊乃引
去。遣使謝罪，因請婚。十五年，妻以宗女文成公主。據傳記云弄贊
尚公主。至高宗年，自是數中國，度謹。永徽初死。贊普二十五歲。子亦早死，孫幼，不
代。不合，當從唐書。事皆決祿東贊。東贊相其國，而嚴重，好作知。原記弄贊之孫乃以長子乞黎蘇籠臘贊嗣，生八十二歲
子乞黎蘇籠臘贊年十四，與唐書所云幼不事者頗相合，然[illegible]贊次。
英年陷八十二，未必其次子尚仁十四歲，惟小傳所云矣。
祿東贊不知書，然性明毅，嚴重，善用兵，有節制，吐蕃倚之，遂以強國。及
欽陵、贊婆、悉多于、勃論並專國，自是歲入邊，盡破諸羌羈
縻十二州。咸亨元年，入殘羈縻州十八，率于闐取龜茲撥換城，于
是安西四鎮並廢。薛仁貴以兵十餘萬討之，並送吐谷渾還國，至
大非川，為欽陵所拒，敗績，遂滅吐谷渾，盡有其地，遂寇隴右而

突厥盡亡後西蕃敬玄討之戰青海復不利儀鳳四年贊普死
子器弩悉弄立際蒙蕃蔡蘇隴都松腹子對蘇隴贊即嗣位觀唐
書器弩悉弄疏長頗自舊國云云則知其即位時
年尚幼說欽陵復專政初劍南度茂州之[redacted]西築安戎城以迫其
六頗合
鄙生羌道虜取之因并西洱河諸蠻盡臣羊同黨項諸羌其地東
與松茂巂接南極婆羅門西取四鎮北抵突厥幅員餘萬里吐蕃乎
別樹國矣婆羅門即
印度

第三節　唐玄宗時與吐蕃之交涉

吐蕃既盡取今西藏青海川邊之地，于是西用兵隴河，爭于天山葱嶺，及葱嶺以西之突厥故地。按吐蕃根據地本在雅魯藏布江流域，自此以北，乃藏羌二族之地，本非吐蕃所有，而其兵鋒遠被絶域如此，亦可見其兵力之强，然精鋭萃于外，地守必不固，以欽陵兄弟專國之久，而一旦覆滅于外，因其勤師于遠而[illegible]。其後以和親[illegible]際于[illegible]。武后命王孝傑收四鎮取之，復置安西都護府于龜茲，以兵鎮守。欽陵弟贊婆攻臨洮，又攻[illegible]所部，乃遣使請和，要唐罷四鎮兵，分十姓可汗故地，唐不許，而吐蕃内難遂作。

欽陵專國久，常居中制事，諸弟皆領方面，而贊婆專東境幾三

十年。吐蕃大□。器弩悉弄既長。與國相不和。與大臣論欽陵

等□國事。欽陵方擁兵居外。□□□□託言□□□。即勒兵執其親黨二千

餘人殺之。遣使召欽陵。欽陵不受命。贊普自討之。未戰。欽

陵兵潰。乃自殺。贊婆以所部及[redacted]兄之子莽布支□□□□□。所部成河

源。于是吐蕃國中一□。□□□一□矣。而南境屬國□□□□□□□贊普自討之。

卒于軍。諸子爭立。國人立棄隸蹜贊為贊普。始七歲。□□及對蘇毗之叛。為□勒丹祖之丹汗

即位時年二歲。[redacted]

棄隸蹜贊初立。吐蕃□□□□。時入寇不利。乃復請和。中宗以雍

王守禮女為金城公主妻之。棄隸蹜贊[redacted]吐蕃即厚賂鄯州都督楊矩。請河　且請與公主□□□□□□□□□

西九曲之地為公主湯沐。矩表與之。自是吐蕃復振。易入寇矣。

開元初。王晙等大敗之。鐵橋。後守、河虜請和。乞更盟。天子不許。而禮其使。且厚賜賚晉。自是歲朝貢、不犯邊。而西兵攻勃律。勃律。魏書作波路。西域記作鉢露羅。唐時國分大小二部。大勃律（在東北）勃律（在西）[redacted]乃今印度、本治、城。其南箇失蜜。或曰迦濕彌羅、則今克什米爾也。開元初。小勃律王沒謹忙來朝。玄宗兒子畜之。以其地為綏遠軍。箇失蜜、亦遣使來朝。且言有國以來。並臣天可汗。受調發。國有象馬步三種兵。臣身與中天竺王扼吐蕃五大道。戰輒勝。有如天可汗兵至勃律者。雖眾二十萬。能輸糧以助。蓋此二國、皆當吐蕃西出之道。故欲求援于中國也。而勃律尤數為吐蕃所攻。每曰我非[redacted]謀爾國。假道攻四鎮耳。開元十年。吐蕃取其九城。沒謹忙詔書北廷節度使張孝嵩表稱。孝忠使疏勒副使張孝禮率步騎四千晝夜馳往。没謹忙因出兵夾擊。大破吐蕃。復九城。没謹忙卒。子難泥立。難泥卒。兄麻來兮立。麻來兮卒。蘇失利之立。為吐蕃所誘。妻以女。于是西北二十餘國皆臣吐蕃。天寶六年。安西副都護高仙芝伐之。平其國。執其王及妻歸之京師。詔改其國號歸仁。置歸仁軍。募千人鎮之。當唐兵威最遠被之時也。

吐蕃之攻中國。凡有四道。東出者。則北窺隴右。南復劍南。西出者。則北道于闐。南出勃律。以攻四鎮。開元時。隴右備嚴。吐蕃入寇。一無所利。故東乞盟。而專力于西。抑亦其兵謀也。而中國亦東西相應以擊之。開元十年。吐蕃之攻小勃律也。王君㚟節度河西隴右。請深入取鄯州，若無功。蕭嵩、張守珪繼之。吐蕃復請和，約以赤嶺為界。表以大碑，刻約其上。唐書地理志：鄯城縣西南百二十里，又隔澗七里，有天威軍，治石堡城，城西二十里為赤嶺。按鄯城，今甘肅西寧縣也。二十四年，吐蕃復攻勃律，勃律來告急，令其罷兵，不聽。上甚怒之。時崔希逸為河西節度使，鎮涼州。故時畫畔皆樹壁守捉。希逸請蕃將乞力徐罷之。明年，傔史孫誨奏事，言虜無備可取。詔內侍趙惠琮共往按狀，因共矯詔令希逸發兵襲破蕃青海上。吐蕃恚，不朝，入河西，兵鋒復起。于是河西、隴右、劍南分道從路。碑赤嶺碑，奪河橋，收九曲地，陷那那州，上復安戎城，改曰平戎。中國無敵國，邊寇知。

第四節 唐中葉以后吐蕃之交涉及吐蕃之衰

天寶十四年。吐蕃贊普乞黎蘇籠臘贊死。子娑悉籠臘贊嗣。時安祿山作亂。吐蕃乘之。盡取隴右、河西、及洮湟、大渡河、西南州郡。于是兵鋒日迫。代宗時。至入長安。立廣武王承宏為帝。留十五日乃去。及僕固懷恩反。引吐蕃回紇入寇。至奉天。懷恩死。吐蕃與回紇爭長。回紇怨。詣子儀請擊吐蕃。自初乃合兵擊吐蕃。敗之。然郊、原、隴西、鳳翔及劍南。屢被侵掠。無寧歲。德宗即位。遣太常少卿韋倫持節歸其俘。後勅邊吏謹守陲。無掠侵虜地。是時乞立贊為贊普。姓户盧提氏。遣使隨倫入朝。明年。殿中少監崔漢衡往使。[redacted]時吐蕃相尚結贊亦至與中國言和。于是和議復成。相漢衡為鴻臚卿。與隴右節度使張緣壽及尚綺贊盟于清水。約唐地涇州右盡彈箏峽今甘肅涇川縣隴州右極清水。今甘肅清水縣鳳州西盡同谷。今甘肅成縣劍南盡西山大度水。吐蕃守蘭今甘肅皋蘭縣渭平涼縣今甘肅原今甘肅鎮原縣會。今甘肅靖遠縣西臨洮。前見東成州。今甘肅成縣抵劍南西磨些諸蠻大度水之西。南盡古河。北自新泉軍直抵大磧。南極賀蘭山槖它嶺。[redacted]今甘肅寧夏縣北其間為閒田。二國所棄。戍地毋增兵。毋創城堡。無耕邊田。初吐蕃衡往使時。唐敕書云。所貢獻物。並領訖。今賜外甥少信物。至領取。琮稽蕃使論芊衡回。吐蕃言唐賜書。何用以臣禮見處。唐為改敕稱。以一貢獻為進。賜為寄。領取為領之。盡此。蕭元以成唐與吐蕃第一次盟約也。

未此之前。吐蕃請助討賊。約以長安。以涇靈四州畀之。會大疫。吐蕃兵攝引去。州。顧求地。帝方有其勞。優寵等四。虜以為怨。貞元二年。陷鹽、（今甘肅靈武縣東南）夏。（今陝西橫山縣）旋請盟。以渾瑊為會盟使。與尚結贊盟平涼。尚結贊伏精甲三萬以劫瑊。瑊走。多虜之。戍鹽夏。既入春大疫。乃火二城。焚廬舍。毀郭堞而去。寇靈武。攬無寧鄜。久之。沙陀[redacted]殺。吐蕃乘之。取北庭。獨西州尚為唐守。于是天山南[redacted]路。亦後於而入于吐蕃矣。

貞元十三年。吐蕃贊普死。子足之煎立。二十年。卒。其弟嗣立。[redacted]立

十二年。初可黎可足立。穆宗長慶元年。使尚綺力陀思來朝。且乞盟。宰相等與盟。乃以大理卿劉元鼎為會盟使。就盟其國。敬宗

太和五年。維州守將悉怛謀以城降。[redacted]維州 劍南西川節度李德

裕受之。牛僧孺等固爭，令還悉怛謀，此成自是之前，及其和親者

亦衰弱，詳看此方侵寇頻數，可黎可足立號三十年，病不事事，委

任大臣，故不能抗中國也。俟其死，弟達磨立，原注：毀佛教之者。達磨嗜

酒，好獵，喜內，且凶愎少恩，政益亂，國中地震裂，水泉涌，岷山崩，

洮水逆流三日，鼠食稼，人饑疫，死者相枕藉，鄯廓間夜聞鼙鼓聲，

人相驚。武宗會昌二年，贊普死，無子，以妃綝氏兄尚延力子乞離

胡為贊普，始三歲，妃共治其國。別將尚恐熱殺宰相尚與思羅，自

號宰相，以兵二十萬攻鄯州節度尚婢婢。仍歲不解，婢婢之奉隴于

是吐蕃衰亂，河隴不守。宣宗大中二年，沙州首領張義潮出

軍，收瓜、沙、伊、肅、甘等十一州。懿宗咸通七年，北庭回鶻僕固俊擊

取西國新論地學于是居肩負之以研六千古籍之地尽復其故中原各地而後乃復為同化所有焉

其旅飾小羅也，挟用戎服朝，以安為蔽扶。

初，後喜怒無常，與其族，管地婦精文，内因于中二三歲乃去。

彩稱[redacted]誤罹勃舟茲隆績。於營別出，種[redacted]仍羌俗之舊也。

[redacted]貴少賤老，母子之係，知出入節，少而老者……

無親以宗無戰殺，為甲門，路嫡若乘狐尾于首，不厚不得于人。

[redacted]亦人所以構係而所成族，係也，文成之……

兼崇死社，全國中樹之，其祝祀禮康，視紳為葬焉。

其居父母喪，斷髮，僅留冠頂，既葬而去。其葬，死家，隆厚之。其居……

不與人同者，曰其家君死，皆自殺以殉，所服玩、乘馬皆殉，起大……

在家與樹家相為祀，所錄陵之自殺，左右死者餘[redacted]有……

不

初稱亂與大神村人言與其人藏一夜施用乎犬猴三歲一大

食之後者謹隨同人騎生猿子雅凡猩為猴是狗猩湯陸乎章信

亞告神曰除此世民生猩比萬猴阿其基餘亦

[illegible]

此等之風化無論之文明程度方面發展至之文明可謂與佛教之文明
其始之時則之賊其主也承其言之業室為之賊其主其主更等一掃以盡
請讀世説之宋室以來同樣轉為思主要之業業為下人之風中
樹立之自己理論諷刺風行如其業風則其風氣行中國而至今
此等之事矣然此等書中國遺下還其人稱為本不可勝數
考證家所言訓詁求其本之義兩漢之人此等書之遺說謂之訓詁學者所謂
為文詞傳世者皆需讀之與經學相轉考據之法求其字之本義
而訓詁之學本之以形聲而研其本字即可見
矣

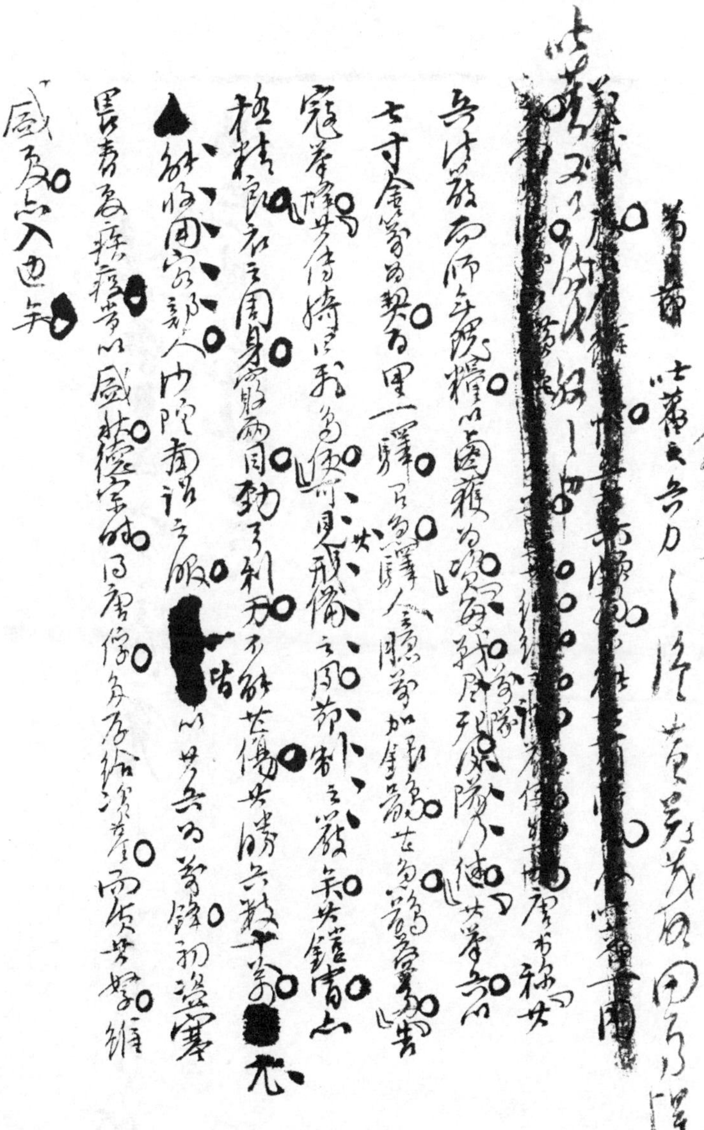
第一節
吐蕃之[illegible]
[illegible]
七寸金[illegible]為契○為里一驛○[illegible]
[illegible]
極精良，在之周身，[illegible]兩用，勁可利刃○不解[illegible]其勝[illegible]千家○[redacted]
[illegible]
[illegible]告[illegible]
[illegible]
國[illegible]之入邊矣

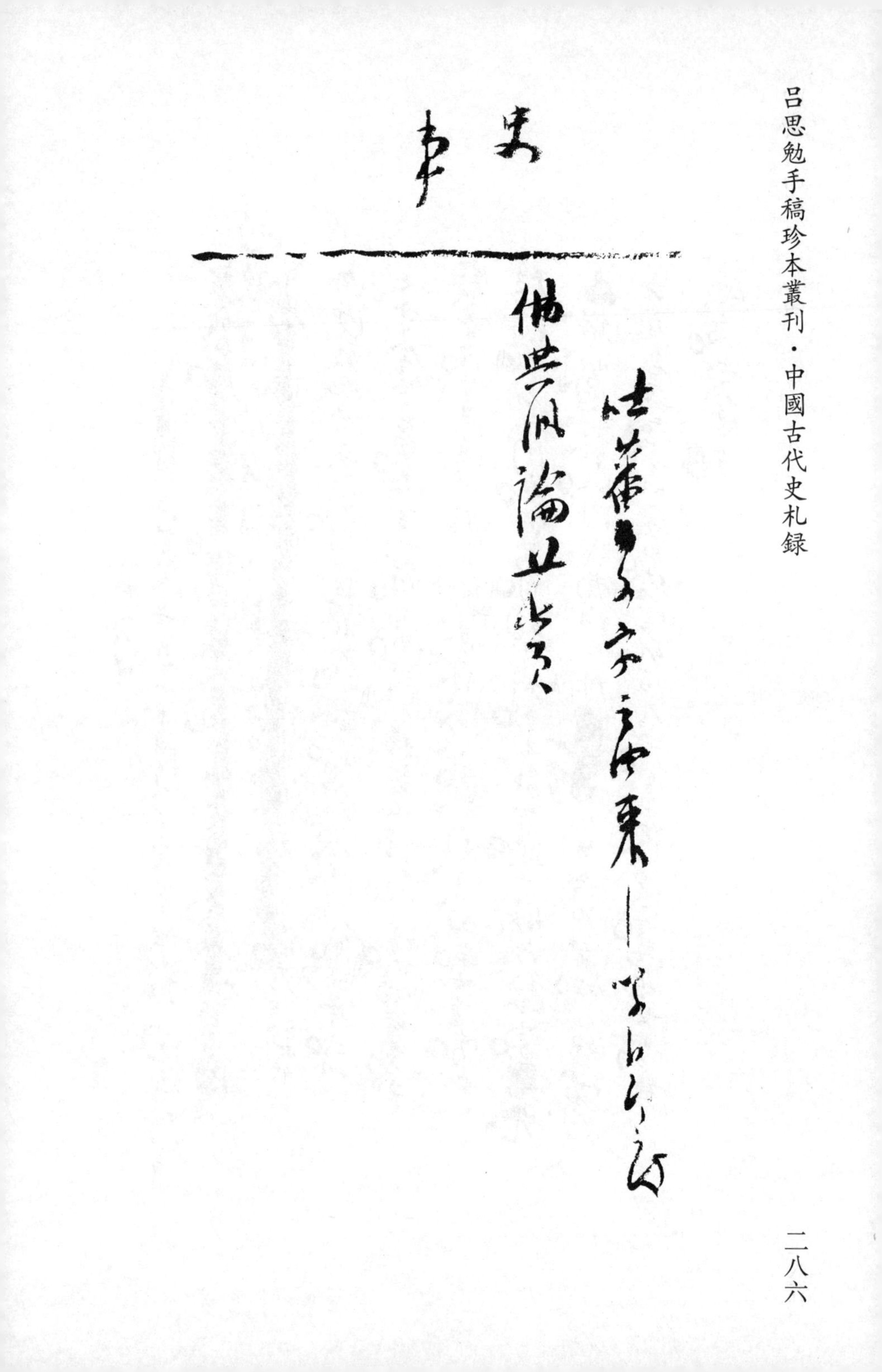

史事

吐蕃僧多安于西來——[illegible]

佛典汎論廿七頁

第二節 廓爾喀之攻佔

廓爾喀之攻，由[illegible]枝美戎二族，均精[illegible]善美戎二族，皆如[illegible]崎[illegible]荒[illegible]之[illegible]道，如[illegible]鮮，帝[illegible]蕃卿[illegible]來自雪山以南[illegible]固當[illegible]如[illegible]受天[illegible]之[illegible]如[illegible]

者也，其俗諸靈所，曰[illegible]夫，夫曰[illegible]，其[illegible]君長曰[illegible]之[illegible]之書曰

本[illegible]其家有大桐，曰論[illegible]副桐，曰論[illegible]所[illegible]人，亦號大論、小

論，都[illegible]一人，曰[illegible]論[illegible]，又有內大桐，曰[illegible]論[illegible]，亦曰論[illegible]

副桐，曰[illegible]論覓[illegible]，小桐，曰[illegible]論，凡[illegible]一人，又有[illegible]大桐，曰[illegible]

[illegible]，副[illegible]事，曰[illegible]，小[illegible]事，曰[illegible]，凡[illegible]任國事

[illegible]曰[illegible]論[illegible]

唐太宗時吐蕃以オロンツアンガンボー自印度傳
佛教
其弟トンミンサンブータ即造西藏字與玄奘
其學于印度佛經至是佛教盛于西藏
後百年英主テースロンデーサン延印度碩僧
パドマサンバ、バーワ（西七四七）
事詳印度宗教 宗教珈倫一高桑 拜[illegible]譯司

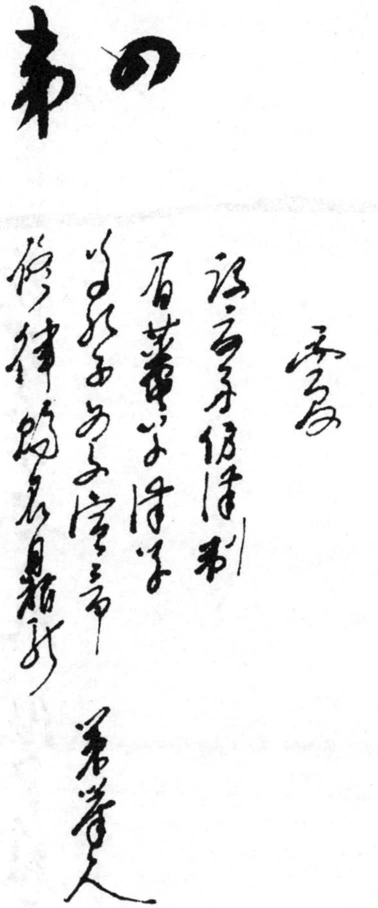

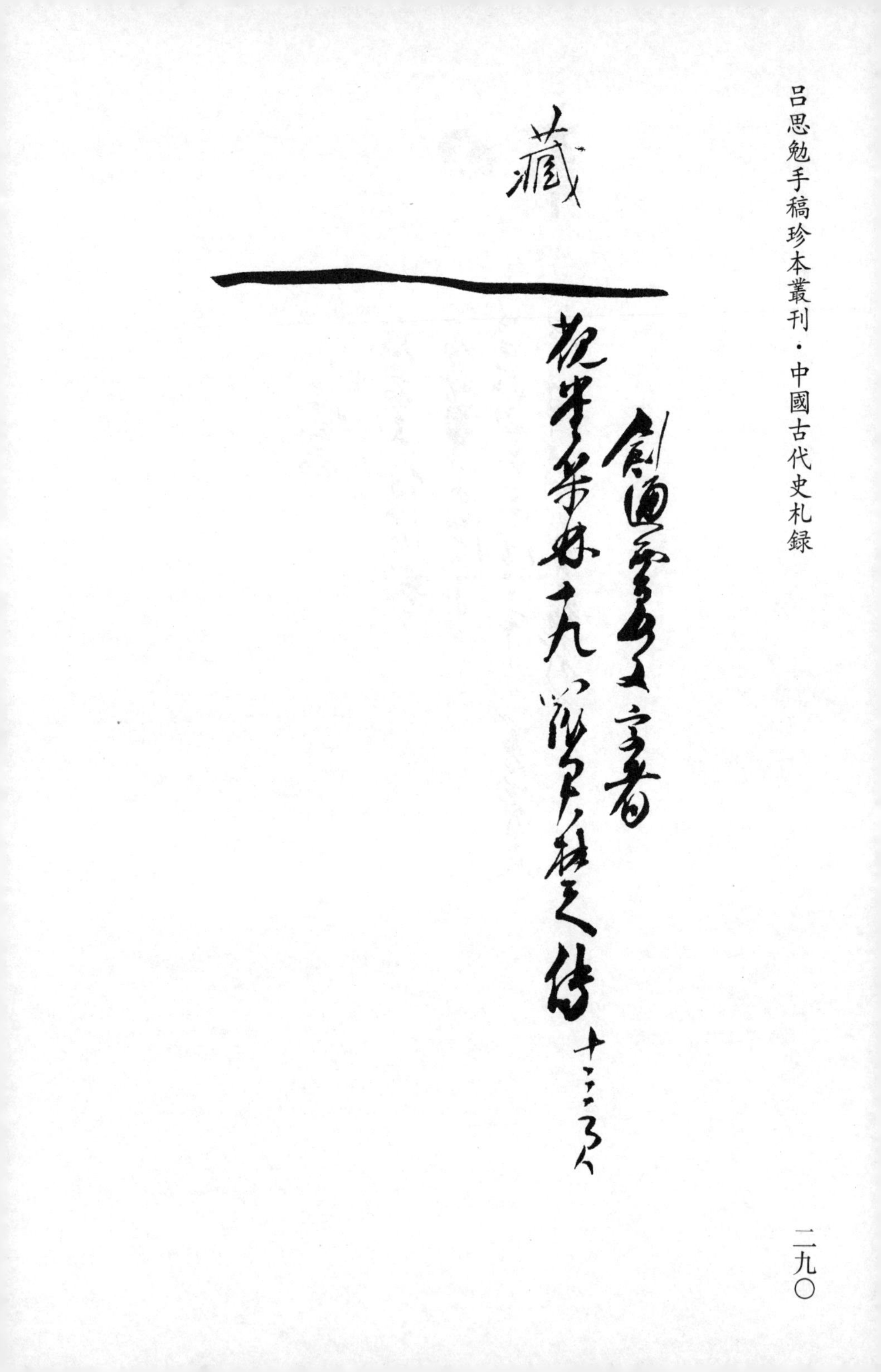

藏

創通[illegible][illegible]文字者

提出第柒林九八號大林之待

十二二乃人

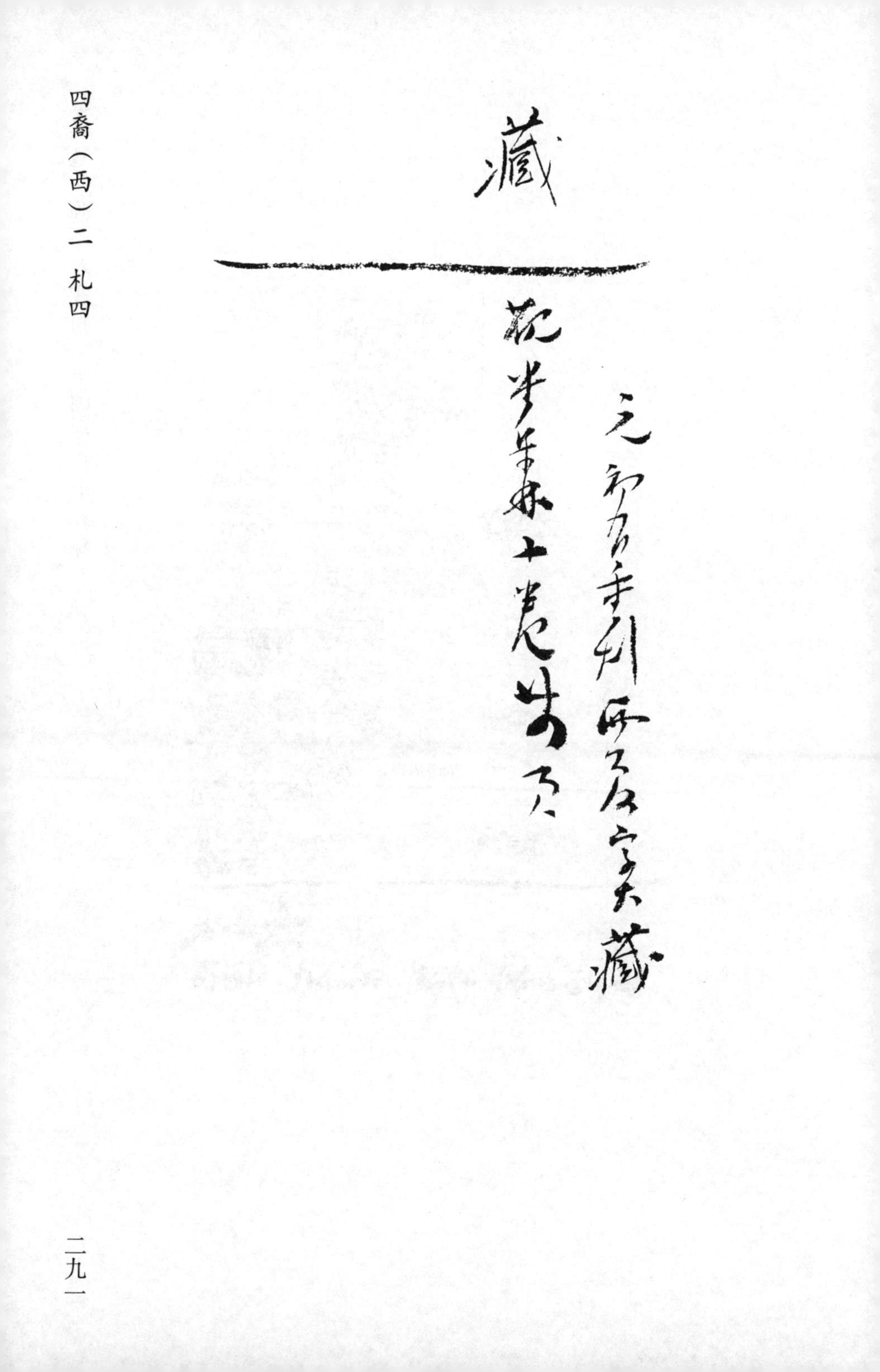

藏

[illegible]集十卷共四本

元初名手刻所[illegible]藏

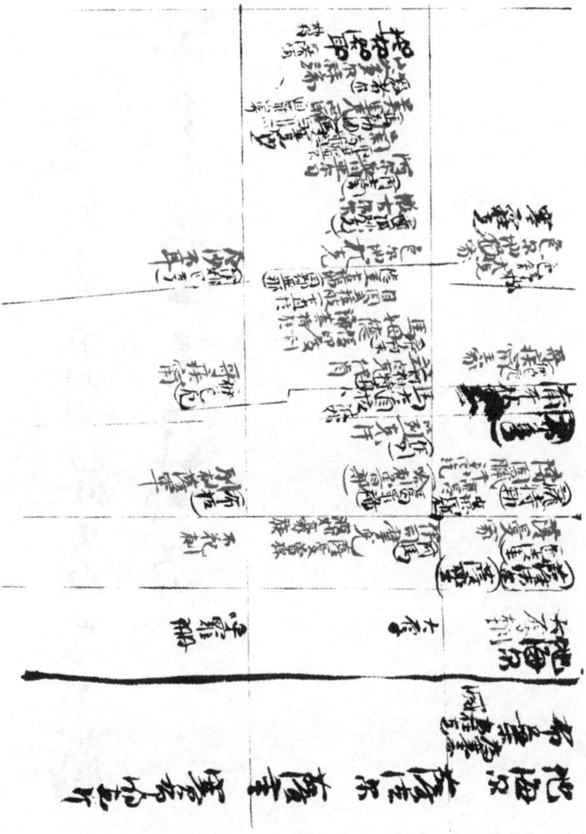

文字

西夏國書

原稿廿四　西夏國書略説　西夏國書乃指所以書之篆書

宋史夏國傳之字譯者蓋數人，今而黑城重發此語，指其地今猶在

有新及掌中珠佛經等出焉。而夏文之九行者，尤指所未載

日本西本願寺所得西夏人所殘經數紙，於此至黃元手與石

刻及他寫經，皆同，以清字之原定，則可知其年號也。宋史但言

元昊制蕃書，方整類八分，不言為篆書。金史夏國傳與宋史同

而云文若符篆。隆平集：元昊自為蕃書十二卷，文類符篆

按何經西夏文蕃字皆若類其文，若符篆，恨未見，與西夏國傳所言之

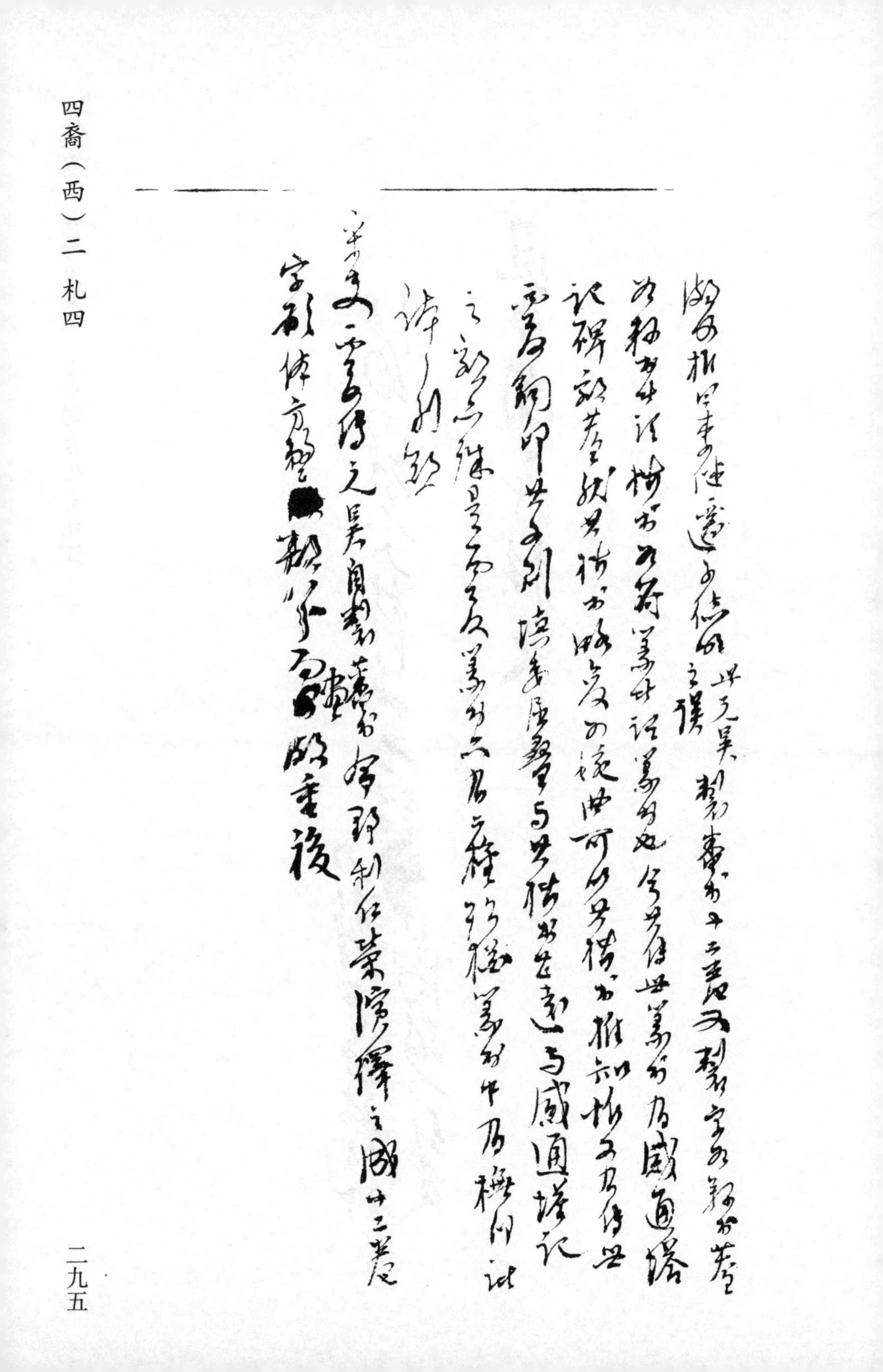

[illegible]

紹自羅馬人所述不詳

孔相李侍講記錄

與同類所錄史

見中國民族史

啓

彈臣

陸賢大雅歎詠萬篇大仙世需推名曰彈臣

奧之年道勉奚疑自西瑯 手泐

西域諸國史研究如一亦必白鳥氏研究並刀

中華書局標點二十四史周書 朱据等云此卷已

今補足之 勉案此卷從人附卷二

周列傳

第の

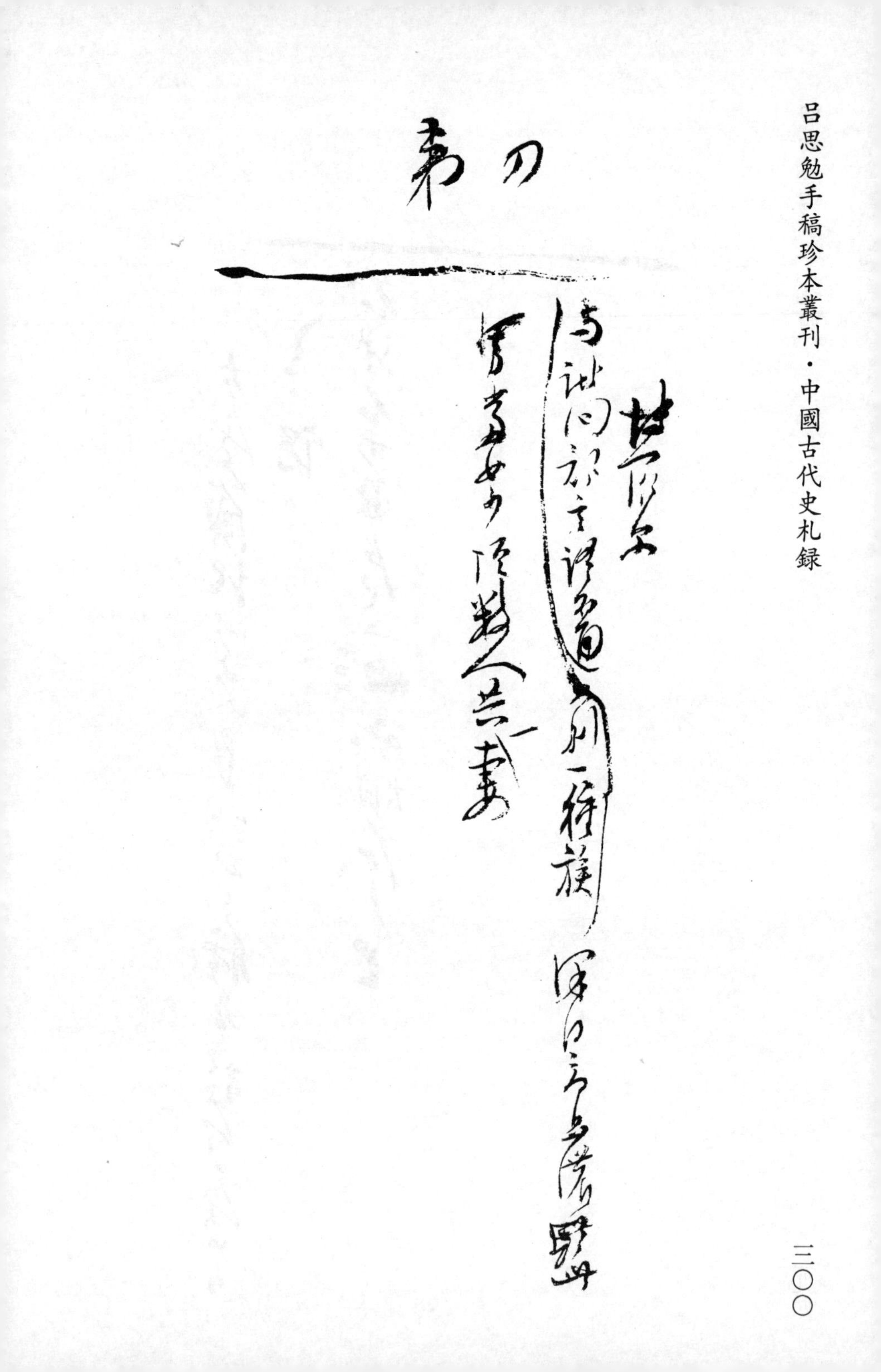

第四

廿四史

高誅同源於諸侯遷國不一行族 [illegible]

唐書安史傳數(共一表)

安
林

晤及
日課畢矣

李太白與基督教

鄧牟

李集樂府中。有上雲樂一篇。繆刻本標題下原注云老胡文康詞。或云范雲及周捨所作。今擬之。云。自來注釋者。均含糊敷衍。莫名其所謂。李詩固多恢詭之詞。乃盜誘諸不解解之之例。暇日諷誦。偶有所悟。曰此唐代基督教輸入之徵也。其價值不在景教流行中國碑之下。茲錄而釋之。

金天之西。白日所沒。（謂泰西也）康老胡雛。（曰文康曰康老。疑其所見之人。蓋自康居來者。六朝唐代每以外人之國名爲其姓氏也。惟既曰老又曰雛。似自矛盾。疑指馬利亞抱耶穌像而言）生彼月窟。（言其爲泰西人也）巉巖容儀。戌削風骨。（高顴而瘦）碧玉炅炅雙目瞳。（碧眼）黃金拳拳兩鬢紅。（紅黃色之拳髮）華蓋垂下睫。（深目）嵩嶽臨上脣。（高鼻）不覩詭譎貌。豈知造化神。大道是文康之嚴父。元氣乃文康之老親。（彼謂是上帝之子也）撫頂弄盤古。推車轉天輪。云見日月初生時。鑄冶火精與水銀。陽烏未出谷。顧兔半藏身。女媧戲黃土。摶作下愚人。（以上皆六日造成世界之說也）散在六合間。濛濛若沙塵。生死了不盡。誰明此胡是仙眞。（既云是仙眞。當非指常人而言。故疑謂所見之畫像也）西海栽若木。東溟植扶桑。別來幾多時。枝葉萬里長。（言其蔓延之速且遠也）中國有七聖。半路頹鴻荒。陛下應運起。龍飛入咸陽。赤眉立盆子。白水興漢光。叱咤四海動。洪濤爲簸揚。舉足踏紫微。天關自開張。（此言唐代之勃興及遠略也）老胡感至德。東來進仙倡。五色師子。九苞鳳凰。是老胡雞犬。鳴舞飛帝鄉。淋漓颯沓。進退成行。（此言基督教徒以動物入貢也）能胡歌。獻漢酒。跪雙膝。並兩肘。散花指天舉素手。拜龍顏。獻聖壽。（此言基督教徒覲見時之儀節也）北斗戾。南山摧。天子九九八十一萬歲。長傾萬歲杯。（以頌禱作結）

實係包氏手令碻的

同

秋至回族雜談

上六 21 21

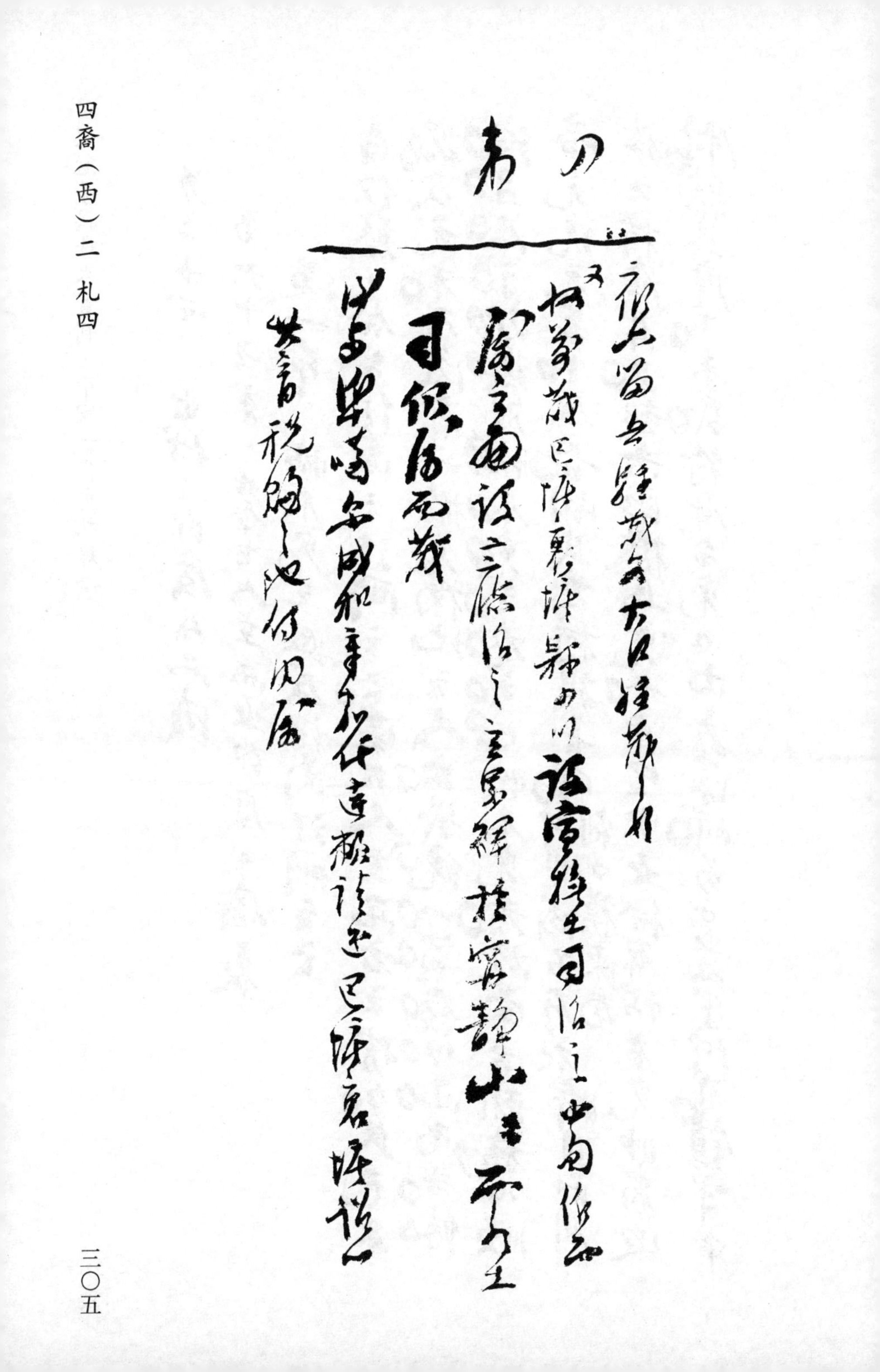

[illegible]

第二十回　近代之印度及西域

第六十五章　蒙古人在西亞印度之盛衰

第一節　帖木兒之興及伊蘭汗國之亡

自欽察、察合台、伊蘭三汗國之衰，蒙古人在西方之勢力久已不振。及元末，乃復有一掀天揭地之人出焉，幾統一蔥嶺以西，而其餘波且及于印度，則帖木兒之為之也。帖木兒者，故蒙古䟽族，以順帝元統元年生。及長，嗣父為柯提長官。柯提，城名，在花剌子模東南。時月即別族之特庫耳克起兵取撒馬兒干，平定中亞細亞，帖木兒帥衆迎附，隸其麾下。未幾，特庫耳克以內亂還師，以子愛里阿思鎮守中

亞使帖木兒奏女軍帖木兒與亦不速諸不惕走花剌子模其兵攻
之會特庫爾克章愛里阿司東郵帖木兒乃乘間起知尽國月即
别族來撫兩河間地定都撒馬兒罕時歲武五年也
帖木兒有志到隴同吉思汗遺誡一字內乃乘太宗之中亞
之兵威東向蒙古尽定察哈台汗地分兩侵都剌子模又乘
伊兒汗國之衰攻掠呼羅珊取之先是伊蘭汗國自不賽因之死
信內亂列兀之遠孫各伊士始據根達及後呼羅珊信洛山
至孫阿美德之子嘉定呼羅珊之民苦之爭附帖木兒
遂西攻法兒斯阿美德于孫拂地至底格里斯河旭烈兀後王殆
尽為帖木兒所有帖木兒章阿美德乘機後國以承樂八年時
為帖木兒沙哈魯所殺伊蘭汗國遂亡

[redacted]欽察汗國中○藍白二帳及哥里米汗之裔○仍互爭大汗之位○白帳怯惠妙○與哥里米汗脫克塔迷失戰勝之○脫克塔米失奔帖木兒○藉其援○破惠妙○即大汗位○已復與帖木兒有隙○洪武二十三年○帖木兒伐之○戰于亦的勒河畔○惠妙大敗○奔俄羅斯○以訖王廢之援○勢復振○二十八年○帖木兒再伐之○破惠妙軍○[redacted]脫克塔迷失走死○帖木兒還○命惠妙子可里為欽察大汗○于是○黄○嶷○百○西○年後○與○帖○木○兒○抗○顏○行○者○為○征○伐○即○廢之○係○業○自存○即○始○矣○

第二節　天方教國之印度侵略

印度○與○伊○朗○之○關○係○恒起○于○印度○河○方面○統○而計之○(一)為波斯王大流士之侵入(二)為馬其頓王亞歷山大之侵入(三)為大月氏嚈

達奇緣之侵入，大抵自西北方來。蓋印度北方有喜馬拉耶山為之屏蔽，外寇之侵略非易；其東方及印度半島之地，則為東南海之包族所據，亦無侵略之能力；惟西北方則有崇嶺而橫於其外，又多高原齋土強悍之民，及侵略之事因之而起，加並吞異邦踐藉大莫。迄于天方教徒，蓋自奴馬某頻諸雅印度，枚雖雅度之長不及馬懷。月氏、嚈噠皆游牧人種，勢雖盛而易衰，非如天方教國之士廣兵強，又因以侵掠為職志也。自天方教徒累次侵掠印度，外禦之力遂益衰，而無敵之人，遂後乘其弊矣。先是印度自尸羅逸多亡後，全國分裂，無所統一，當是時，此後有剌諦吉特族興。剌諦吉特族蓋外來人種，如月氏、嚈噠等侵入印度後

與土著之阿利安族通婚所生之新種也。年久繁衍，勢力日盛，遂
滅阿利安人所建之國。易代之而尸羅逸多之世，印度文學復興。
研究古籍者日多，因之婆羅門教遂有復盛之勢。彼等如知其教
旨之未盡善，不足與佛教抗也，于是修改其教義，定名為印度教。
舊譯亦作興都教。後唐中葉勢大盛。剌諦善特種人崇奉之，于是在政治
上，則剌諦善特種人自阿利安人相掌主宗教上，則佛教衰起而印
度教學長內閣之怯弱廢弛，而不可復振，而天方教國遂乘之侵入。
馬。
天方教國之侵入印度，實賽布的克斤耶之馬母德為始。時則

喇諦善悽蔓延而北中三方。山國基布廉所統壹。及天方故國侵入。始惕力以禦之。然卒不能敵。馬姆德于二十九年之間。侵入印度者凡十七次。所獲勝利者十三次。至于是者。今古直拉德東至今國都亞那。罕辛頭河及恆河流域之地。悉為所據。有郭耳族者。亦突厥種類也。居印度河之西。馬姆德之侵印度。郭耳屢與相爭。後為馬姆德所敗。及塞爾柱克朝興。賽布的克斤朝屢失其印度國地。以北之地。退保山南。郭耳乘機以後振。南宋紹興二十二年。賽布的克斤朝。遂為郭耳蘇阿拉胡丁所滅。其王子走[redacted]今旁遮普郭之拉合爾。自立。是為天方教徒據印度以立國之始。孝宗淳熙十三年。後滅於郭耳。郭耳于阿拉胡丁。亦侵入印度。阿拉胡丁郭侯子希伶潜處丁立。來侵至孟加拉。自印度河流域、抵恆河流域。案為、所據、蓋羅如甲委伯丁以鎮之。時宋寧宗慶元五年也。希伶潜處丁。旋此與花剌子模為所敗。閱積二年。遇弑。侄子馬赫模特嗣位。納貢于花剌子模。模主侵七年。亦遇弑。至是花剌子模王謨罕默德實主使之。於是郭耳奔闖之。地遂為花剌子模所并。初希伶潜處丁之舉甲委伯丁。即據特里稱王。及是、仍據地自王如故。文德、亞、圖以、以此數服屬之。是為大、方、蘇、徙、據印度、自立之新王朝。世以甲委伯丁。故郭耳之奴隸也。稱之曰奴隸王朝。參看第四十五章第二節及第四節

成吉思汗西征以後，印度北部之地入蒙古版圖。太宗憲
宗兩朝，蒙古亦屢侵印度河流域。奴隸王朝之揆驟衰。至元二十
七年，郭耳朝疏族只拉究哀丁後踣之自立，是稱其朝作朝只拉
究哀丁之從子曰阿老丁，饒勇略，征服西北中三印度，後越文德
海亞山，遠侵南印度。三十一年，弒只剌究哀丁自立，敗蒙古兵來
伐。阿老丁歿，彼之名將咯亞士哀丁鎮守旁遮普，而自稱代
兵威頗盛。延祐元年，阿老丁為其下所弒，內亂多作，弒奪相尋。至
七年，咯亞士哀丁乃乘之，遂自立，是為圖格克朝。咯亞士哀丁卒，
子摩訶末立，性殘好，因納隊中蒙軍，後發兵十萬侵中國，不果。書焉
格雅如，茲後合軍，初摩訶末之五印度諸侯相率叛附，國勢頹

國。阿摩訶末篤信天方教。自沙土到印度人民。均不相渝。恒用外東之天方教徒居政府。而重稅異教徒。印有卯十倍二十倍以利走教。其奮起。摩訶末斷作此詩。授于其人。順帝十一年。卒于軍。教侍卯末造摩訶末王。國勢益发。不可維持。而帖木兒又來侵。于是國權又翔邃。不可復支矣。

第三節 基華布哈尔之建國及印度蒙兀兒朝之興

帖木兒既定西亞。以明洪武十三年。舉兵侵印度。摩訶末遣兵拒戰。大敗。帖木兒遂進迫特里。摩訶末遁走。特里不戰降。會土耳其乘虛侵入帖木兒虜境。帖木兒乃班師。建文四年。土耳其王巴牙

屬○蒙兵三十萬○以後帖木兒○亦蒙兵二十萬禦之于安哥
拉之戰○巴牙則大汗被擄○帖木兒遂奪小亞細亞○以東羅
馬與土耳其○守持於博斯普魯斯兩海峽○乃不至覆滅
而○還○先是帖木兒以洪武二十年遣使通好于明○亦振陽之世
屬○自是頻歲入貢○明史以其都城之名稱之曰撒馬兒罕及脫古思帖木兒殁○蒙古
部落奔潰○多有來奔投帖木兒者○帖木兒遂欲東伐○以復故業未果
三年○率大兵二十餘萬東侵○行至訛打剌○病卒○諸子爭立○內亂○遷
都○久之○其弟之子沙哈魯乃居宗藩事○後王中興焉○
沙哈魯卒于明正統初○子兀魯伯由到于兩○名見明史……右文而盛○
國後內亂○于是帖木兒玄孫卜撒○明史名亦日乞援于月即別族阿月

印別族之酋〇名阿布魯庫〇以兵據之〇內難乃定〇卜撒遂據撒馬兒罕〇稱汗〇時明景泰三年也〇卜撒有雄略〇復出師以討〇疆域式廓〇東至天山〇西抵報達〇北距錫爾河〇南及波斯灣〇版圖之〇盛〇成化三年〇攻波斯西境土耳其酋長哈山布〇敗歿〇國復瓦解〇帖木兒之孫〇各據一方〇互爭雄長〇而印別汗昔班〇（阿布魯庫之孫）乘隙南下〇弘治十三年〇遂陷撒馬兒罕〇遂據中亞之地〇哈山布以勝卜撒〇盡有波斯之地〇及後諸子爭立〇國復亡〇弘治十五年〇其外孫奇齊克伊馬斯耳始平定之〇是爲波斯西撒索沃朝〇定十葉教爲國教〇而印別族舊奉素尼教〇以爭教故〇屢侵之〇呼羅珊及花剌子模〇卒爲所據〇而土耳其後逼于西〇于是而印別族之勢

布魯特。乘機擄掠阿丹阿下游之地自立。是為。基。華。帕。爾。時明正德
十年也。上撤接已卑爾。初以[redacted]渡奶之後。鄂昔附于阿外[redacted]改
後昔附所侵。今失其兩阿富汗[redacted]之地。遂係[redacted]今阿富汗境。昔
附遊牧地。自立。是稱。布。哈。爾。汗。國。而已卑爾既失其地方之地。遂
後藩保明印度焉。

[redacted]

初帖木兒之北還也。當大將第儒爾守旁遮普。圖拉克朝之摩訶
末闐之。後北還。匹特。乘擊十年。年。方臣度利乎。以家讓從之。來
幾。為第儒爾所滅。第儒爾仍以帖木兒之名統治其侵地。景泰元
年。阿富汗人跡羅力彌提總其位。始自立。是、藉、敗、提。朝傳三世。請

格蘭奈叙注釋越○國於大夏○。嘉靖五年○巴卑爾滅之○遂即印度帝
位○仍都德里○是爲蒙兀兒朝○近譯或謂莫臥兒○九年○卒○子胡馬雍嗣○孟加
拉總督希爾叛○胡馬雍避之○後奔波斯○三十四年○乃以
波斯之援○復國○是歲卒○子亞格巴嗣○時疆境尚極小○亞格巴有大
略○遠略○體次第用兵○征服南北中之印度○於天方教諸國則
收爲行省○于土著印度教國○則聽爲藩屬○又與土著諸侯間
通婚○以結其歡心○用人行政○亦不以宗教人種而生歧視○于是遂
南歸向畢域武廓阿母河以南○文德○尚○無○如○此○世○之○一○大○帝國遂○年○如
土○遇焉○

第三節　西人之東航

西人東航始於中葉。方蒙古時有歐亞。東西之交通滋繁。里海沿岸克里米君士但丁等地，實為當時重要商埠。元末土耳其興，掌握里海鎖鑰。則往東洋者，須別覓新航路。而蒙古時歐洲游之士，競稱中國、印度之富饒。歐人聞而艷之。于是東航之事業以起。而炽不、東航也。又分為兩路。其自非洲南端東航者，為葡萄牙人。既闢美洲，並及於西東航者，則西班牙人也。

葡人以明弘治十三年始闢市步于印度之加爾各答及可陳。及正德五年，遂取西海岸之卧亞。次略東海岸及錫蘭島。尋復據麻剌甲及爪哇摩鹿加。十二年，遂達廣東求互市。至嘉靖四十二年，而同租借奥門，為根據地。同時並赴日本之肥前平戶，經營貿易。其東航事業，獨占之蓋者，莫葡若矣。次于葡人而至者，為西班牙人。弘治之年，哥倫布既探獲新大陸。正德十五年，麥哲倫復環[redacted]航地球一周。嘉靖四十四年，[redacted]西人遂建據菲律賓群島，建馬尼剌為市埠。為時中國之民通商其地者極多，自明中葉迄清之初，東亞商業，幾為西葡二國所獨占焉。荷蘭人之至東洋也較遲，而其勢乃頗凌駕西葡之上。萬曆二十四年，始抵蘇門答臘及爪哇。後復創建東印度公司，於好望角及麥哲倫海峽以東，葉世紀駐兵。[redacted]為時東西洋之航跡，為人所獨占矣。加四十九年，遂建巴達維亞于爪哇。天啓四年，復據臺灣，盛貿日本及東印度群島之貿易。崇禎十三年。奪（蘭）麻摩鹿加群島。順治八年。蘭殖民地于好望角。十五年。奪錫蘭島于葡。十七年。復奪之。西里伯島。及臺灣見奪于鄭成功。清滅鄭氏。荷蘭嘗以兵助之。因得特許通商廣東。日本自崇禎以後。以禁外人傳教。概擯。獨荷人以不傳教故。仍許互市于長崎。於是東洋商業之利權。自西葡移于荷人之手。

英人之航印度。始于萬曆七年。二十八年。創東印度公司于倫敦。明年。航抵蘇門答臘爪哇摩鹿加。自是與荷蘭競爭。開市易于南洋群島及印度暹羅。四十一年。至日本平戶。崇禎八年。抵澳門求互市。葡人拒之。砲擊其船。英人大怒。還擊之。毀其砲臺。葡人乃行

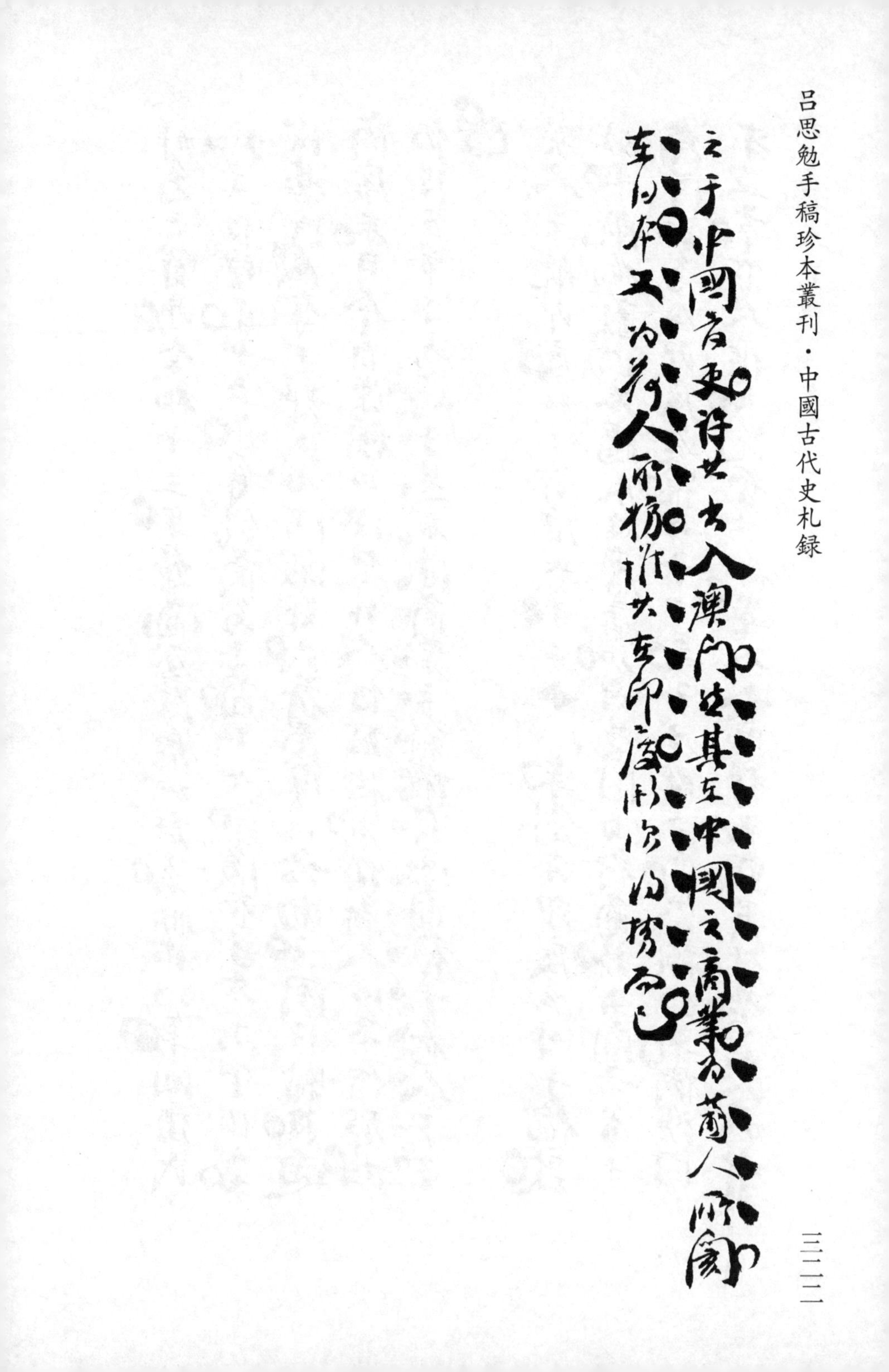

之于中國者更詳。其出入澳門者，其在中國之商業爲葡人所壟斷。以本又爲葡人所攜往，其在印度所用何以攷而已。

第四節　俄羅斯之興及其東侵

方南方沿海之被侵掠也。歐人之勢力，復自西北方而東。則俄羅斯之崛興為之也。初，俄人之役于蒙古也，分裂為無數小國，皆受命于欽察汗。而梯尤愛耳、莫斯科二國最強。元仁宗時，梯尤愛耳公叛。莫斯科公宜萬一世征服之。受命于蒙古，統治其餘諸小侯。于是俄人勢力漸盛。天順時，宜萬三世遂叛欽察汗自立。時欽察汗阿美德，為鄂爾達之後裔，號令僅行于薩萊左右而已。北有喀山。哥里米西有哥里米二汗國。咸海之濱，則有月即別族。高加索山，則吉利吉思族萃焉。成化六年，阿美德伐俄，役于陳。欽察汗國亡。其後裔據窩瓦、烏拉二河間。建大斡耳朵。阿斯達拉干二國。俄人與浚一哥里米二汗同盟以當之。宏治十五年，大韓耳朵為哥里米所滅。嘉靖三十一年，俄人滅喀山。越二年，并阿斯達拉干。其哥里米懼，後復抗俄，不勝，遂附屬于土耳其。至乾隆四十八年，卒為俄所并。

裏兩海以北。欽察汗後裔之最東之者，為月即別族，尚有三國，聚于葉爾塞及鄂畢二河間地。西曰安循，曰克究汗。其善鄂鮮罕，轄喬以北之地。名之地。西伯利亞（寄作綏罕利亞）六部，為昌時，俄人又已收楞哥薩克族。尺力為之東陲。舊爲究所破。至萬曆十四年，俄人遂抵究則又歷扎稱力克。其第及基大抄雅庫次克淵城，以次進築。直達鄂霍次克之海。崇禎時，南略地，抵黑龍江。其時尚以撈力加之方

月之後。尺之後來，俄師入北部。于是俄人侵略之進，與西洋之勢力
相遇，遂發生衝突。其結果，乃有庚延二十八年之屈辱條約。
中國居海外四面受敵之地。至咸豐時，乃居以東隣璦琿兩條約。
黑龍江以北之地，烏蘇里江以東之地，而東北之要地于是乎失。先
占。獨之邊，擲然如作人所欲。每尚悔，謂之所據亦如此，兩國知矣。

第五節　清室盛時葱嶺以西諸國之形勢

俄人東北方之侵略，已見上節。而其對于西方之侵略，則尤有可驚者。蓋葱嶺以西之地，自古即不安靜。其地居兩海之間，為阿母河及錫爾河流域，所謂低地也。地力好，物沃腴，而北則蒙古高原之民族，得志時，恒以是為侵掠之場；失意時，又以是為逋逃之藪。而住居伊蘭高原之民族，得志時，亦恒羈屬之。其人居沃土，故自古以來，即為城郭之國，事耕稼，善商賈，與中國之交往頗繁。參看第十七章。當中國隆盛時，亦往往生政治上之關係。其事始於漢，而終于清之乾嘉。自此以後，遂日為白種人所侵略矣。今試敘述乾嘉盛

時○英領以西諸國之形勢及其與中國之關係如左○

一告學亦作教學○[redacted]

[redacted]所居有の方城○城最東北曰安集延其人素多心計○好

賈遠游○兩城咸循之○設兩國以是名種人焉○故漢代載籍亦稱浩

罕人爲安集延○、、之南○爲瑪爾葛朗城及納木干○城○又西

爲浩罕城○其汗居之○の城甫瀚納林河又有所居小城三之者窩什曰霍

闊○科楷普○而塔什干亦附之○故又稱浩罕八城馮○乾隆二十四

年內附○

一哈薩克　分三部○左部曰部爾圖玉迦行圖○中部曰孫三玉

然○西部曰烏桓下外○皆城郭之國○西人稱左部曰大青利青馬○中西二部曰中小青利青馬○

其地東北抵烏梁海○西南濱鹹海○東南接伊犁布魯特○依天字○與塔爾巴哈台

附○阿八八○乾隆二十四年內附○其所部人三百五台吉等學附○

定三年一覲○歲一互市于烏魯木齊○

一布魯特　分東西兩部○東部居天山北○準部西南○舊游牧特

穆圖爾泊左右○後爲準部所逼○西徙安集延○清師定伊犁乃復

其故地○乾隆二十三年內附○西部十五部○在葱嶺西○由哈薩克

皆爲巴達克山附庸○亦內附○授二品至七品頂翎○由將軍大臣

奏補○歲進馬安集延互市○如哈薩克之例○依其遠近行其部五爲遞○

一乾竺特　一名坎巨提。亦作喀楚特。在新疆西南。東接西藏。西界帕米爾。乾隆二十九年內附。

一博羅爾。今譯作帕米爾。清代載籍。亦稱為一城郭回部。然大食屬。種與佛、回部異。深目高鼻。與諸回部言語不通。殆古塞種之遺也。參看第十二章第二節。乾隆二十四年。因巴達克山內附。

一巴達克山　清載籍亦稱為城郭回部。乾隆二十四年。獻霍集占之首。之藏遂入貢。

一布哈爾。乾隆二十五年。遣使招諭。遂因巴達克山入貢。

一阿富汗　乾隆二十七年。因巴達克山內附。

以上均據表前後為重輕，以兩國關係服屬于清最著者若此。故郎秩隆殺未年[redacted]對于此事實已不加意措意而止，設國逐次第於人于英俄約係寫

第六節　俄人侵略中央亞細亞

基華汗之建國已見第三章第三節。為其汗獨立時，地亦屬[redacted]布哈爾附二國，怪不睦。康熙中基華與布哈爾構兵，使人求援于俄。時俄彼得一世方信圖南之志方銳，康熙五十六年，遣將帥兵三千以援基華為名，而陰覘其。基華汗密與包爾禍，出不意，襲殺之。識之。俄人亦與浩罕相爭，未遑討也。道光時，哈薩克分布特占於

前入于俄之境。遂與基華接壤部落游牧種人。時或侵掠告警及
基華境。俄人借保護為名。與二國時起衅端。今俄儲之道出二國
境內之各被擾俄人以為應償。道光十二年。遣兵攻基[redacted]華。以糧運
不繼。旋師。旋俄帝尼古拉斯。任驍將[redacted]再布窒。[redacted]經營中亞。
嗣是阿剌斯克于咸海之濱。先建布哈爾保那蘇種。與阿母河保據兵。
後復侵告罕。擾其地。基華亦擬乘布哈爾。浩罕[redacted]自救。
告罕乃以後並霍占以外之地。均入于布哈爾。國勢積弱。俄人乘
擾侵之。同治三年。陷塔什干。告罕乞援于布哈爾。那蘇檀之子馬
速究詰之。與俄戰。始講俄[redacted]兵隊撤。延究干進圍其都城。布哈爾

乞援于阿富汗。大酋使乞援于英。英不至。割撒馬兒罕以和。十二年。俄又侵基華。々々不能御。償金二百二十萬盧布。割阿克蘇河右岸之地。並許俄人航行阿克蘇河。俄人又要布哈爾訂界約。布[illegible]境內之阿克蘇河。亦許俄人自由航行。于是基華及布哈爾。皆夷為俄屬。俄遂置土耳其斯坦[illegible]二者。光緒二年。俄滅浩罕。以其地為費爾干省。

第七節　英并印度

印度蓋無[illegible]之國運。以亞克巴時代為最盛。猶未能統一[illegible]海亞山以南。又經耶罕奇沙耶罕奧蘭士三世。力[illegible]

記。蒙兀兒朝之崛興。亦即肇于是時矣。其先本係于高原之北。以后
阿富汗人。已信奉回教。以自立。是為伯曼尼朝。後分為五國。皆奉天
方教。而亞瑪那加最強。德干之南。有大維衣安族。都于印度之最古
之土著。迭經外來種族之侵逼。乃退保南方。建維耶那加國于南
印度。維耶那加本印度教國。與天方教國抵不協。嘉靖中。亞馬
那加大破之。維耶那加衰。亞馬那加遂獨雄于文德亞山以南。
萬曆十四年。再拓已併南印度。為亞馬那加所據。不能自立。
至奧蘭古之世。乃征服之。于是南印度諸天方教國。悉附隸蒙兀
兒。而蒙疆益廣。有加。印度殆盡歸蒙律。而崇禎時。德干[redacted]高原諸國

後結麻剌仲同盟以抗之。與蘭士履征之，不能克，卒于軍。其後爾方都爾屬所魁楊下，移阿富汗之地，以力攻波斯所侵據，擴盡爲[illegible]

英人侵略印度之東，遂來之分割。

英人之設東印度公司也，初頗見抳于葡，及卒勝之。（舊）第勞穫一千六之年。始得蒙兀兒之（乃上）[illegible]許，定蘇拉特爲互場。崇禎十[illegible]一[illegible]查爾斯便于之林打格薩。其年于孟加拉之穿梭堡。以二年于己拉士爾蓋關市步。商業益盛，然未有侵略土地之意也。康熙二十五年，孟加拉藩籍沒英商貨物，英人始築威廉堡于加爾各答。此境以筆後遷蘇拉特市場于孟買。三十七年，英人復有一商會，起與舊會爭司竟。四十八年。新舊乃合爲一。稱東印度英商合衆公司。時當元寧、朝。與麻剌伽、叭風。兵爭益甚。英商、往往被其侵擾。英人患之。旋、法蘭西、據把領牧、以練兵。且侵擾印度、因一屬地亦侵陷。其地之事、開、始矣。

先是萬曆之十二年。法人亦創設一東印度公司。然以豪奢不周。旋舉旋廢。其後再次創設。直至康熙五十年。始得本地治里及硼德納哥等地。與英人所據聖喬治堡、大威廉兩堡相逼近。彼此猜忌、輒生齟齬。後法公司復解散。康熙四十八年。又更設。時法英兩國方構兵、陸戎地、之爭奪亦因之益甚。而英商乃究心。據、盛、據陸地。及屬地之長處。

諸戰于印。立英法之國。皆乘機擴張于印。乾隆十四年。巴(?)東(?)都海
援得七加爾那的都加爾兩部內亂。法人乘之。援立其所厚者。以
已多(?)奈(?)
立加爾那的。與相結。排英。英將克雷武。敗加爾那(?)兩部。次
陵後共協力。五十五年。法公司召議會。議(?)撤其人。遂不復能與英競。
蒙兀帝國地。孟加拉。其總(?)督(?)高(?)傲(?)。方與之鬭(?)。時以八(?)上閏(?)
步于恆(?)技黎河畔英人。則于其下。築威廉堡。使其族以居。孟加拉
英(?)。時蒙兀帝國權(?)已久。乾隆二十一年。其酋(?)素嫉(?)少(?)自(?)在(?)信(?)孝(?)。
惡英人。甫(?)月餘。即發兵陷威廉堡。獲英人。盡餘殺之。又屠逐英
僑人。麻打拉薩之英人聞之。往援。遂(?)其地。孟加拉人後乞援于荷

蘭。荷蘭人以其船盡與英人戰。與紋續。失後。與米而元多朋今分謀英。
人。亦卒不能敵。但番孟加拉及喇哥保甲薩之膀。秘權。患仍謀英
人。時乾隆三十三年也。其地印度。凡有。而就英人據。于海之安息。
如。土。爲。而戰。如。海。秘。之。據。白。拘。相。支。零。戰。克。丸。倫。啉。士丁。健。之。黃
錢。言。。淡。有。上。蒙。之。樣。尋。英。國。之。據。母。擒。英。爲。印。之。本。支。零。戰。極。之。
處。印。之。其。則丸。倫。啉。士。丁。實。念。之。云。
孟加拉改爲英有。崇元多朋形執爲危。乾隆二十九年少年倫與
英人戕紋續。割其地請和。子巫加拉吉三有。後來爲英人有。三十四年。
英人已麻剌务今又侵買賣。旅議糾。四十年。麻剌务蕩持甲少至

倫敦蒙兀兒朝亡嘉慶の年英人。後合麻剌加國買去其地。
八年英人佔六于麻剌加。部稱匿。[redacted]
[redacted]二十二年英人滅麻剌加。[redacted]生。東南中三印度皆為英所據。
首先二十三年英以兵取印度之地。二十五年進攻其印之塞
之塞人懼請和。二十八年後取英據國之塞之甘芝什米爾分部
也。塞後國亡。令隨之據[redacted]於是印度全土多屬於英。咸豐七
年。孟加拉什取權特里拉亞拉蒙兀兒朝後裔包圍全印風靡之諸
稱英人。英人先宣收軍公司。募大兵以平亂。英遂斷收公司以權
歸於政府。置印度大臣於倫敦。置總督于印度。其下分設諸府

四裔（西）二　札四

分印度爲六大部。由回精造蒙恒河之。看吉僅初會相談不已，光緒三年。英女主維多利亞。遂兼印度皇帝之號焉。

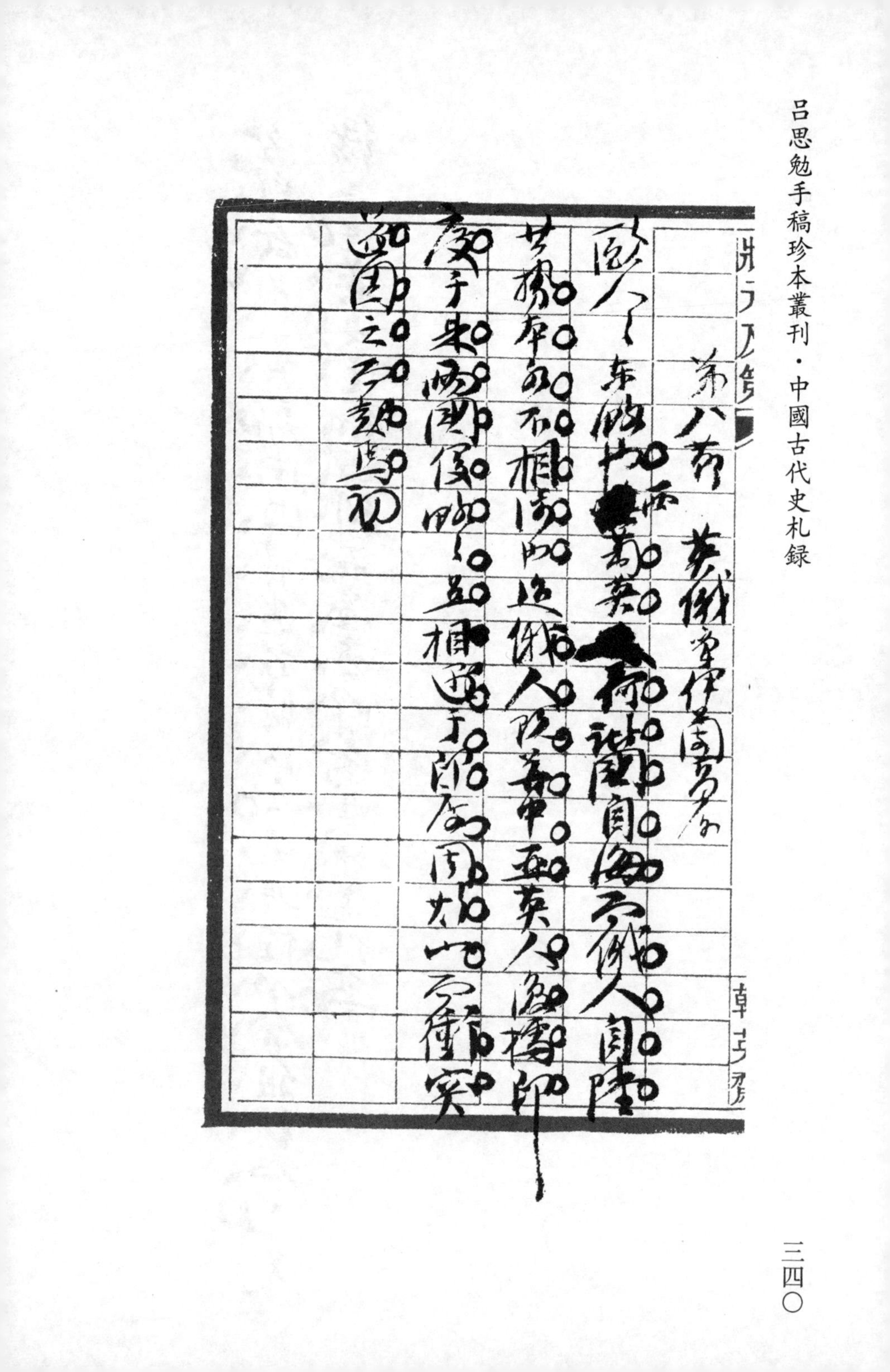

第八節 [illegible]

[illegible]

[illegible]

阿肖丙伊之前○[redacted]布鲁掌元皮朝○[redacted]皮协西极索

沙度

咕朝之四○[redacted]姊橡那安○至库匹观○世多元皮朝盘那皮协

尚进怒伊印库府、彪城之地○、于是无元皮、朝、苦西西、之、

领、地、令六○阿内[redacted]佐人○与、肖协宁赘不同○翠不

相惋○麻匹乃十四年○海、摺○立、出王马毛多○路伴协匹

亨。隋之。俄人來。唯高加索山一帶。此部亦大亂。後期舊王達馬於伯後信朝隆三年。其王那的爾沙後并阿富汗。九年。那的爾沙遇弒。阿富汗亞美沙乘之。後自立。復收故地。又改遷外。俄內亂後。時越乾隆二十九年。其房部喀蘭爾之長阿布摩訶末篡之。復舊封自立。即今波斯王家也。

咪唎堅之國，有公使之法，其人業經將事以後
則人業經天京，恒不得入其國之禁，陸中華遣[illegible]附于[illegible]
大阿美理駕未通，惟一俄羅斯于是俄羅斯衛使以通商
使星，今年始命一名，來住[illegible]，[illegible]之中，受其[illegible]薩克[illegible]長
[illegible]並[illegible]別遣一軍，自冀與英吉利交鋒，意在其[illegible]
惟俄羅斯依限一以兵戎，畢乃已，英人遂為所據於

状元及第

翰[illegible]齋

江村戲去南遠逾檐地　自立曼的　傳○勒○芝于是室州○

阿育佗王阿美的生勒陵○的十一年平闊扔目黎内

勃加○以遊阿的而○

深波英道轄而永威暄于是即及

先後子声と人不○

次功北轄召淄俄○　南後嘉廣道多同佳多威城雇

奄〇匯〇分而〇爲〇〇三箇光の年〇阿内三郎傳特勒及撻查安
安内阿富汗所治之安布尼遊成最近之三椿〇石阿〇一〇境〇
又〇分〇如〇三〇道光十七年〇傳人族波斯洛阿富汗圍侯〇
勒特〇英國印度兵權印之〇末〇阿拉伯治日士敗摩訶末
潛通手從七從廢其君蘇沙而自立〇の世子阿美德英印度總督
叢兵助蘇沙攻之〇蘇沙遂得復國〇英人以兵戍之〇

阿人不悅。拿破崙起，俄英人人擊波斯之。咸豐二年。波斯擄
侵勒特。英勒當退之。波斯俄攘不允。六年英印度總
背遣海軍入波斯灣。取布什爾。波斯震動。乃撤侵特
勒兵。同治年。阿王兩系阿厘馬失子阿爾單倚英人
俄援阿爾單。兩國之交涉不已。光緒四年。阿與俄訂攻守
同盟。拒英使。英印度總督遣兵擊之。遂佰阿。迫阿人

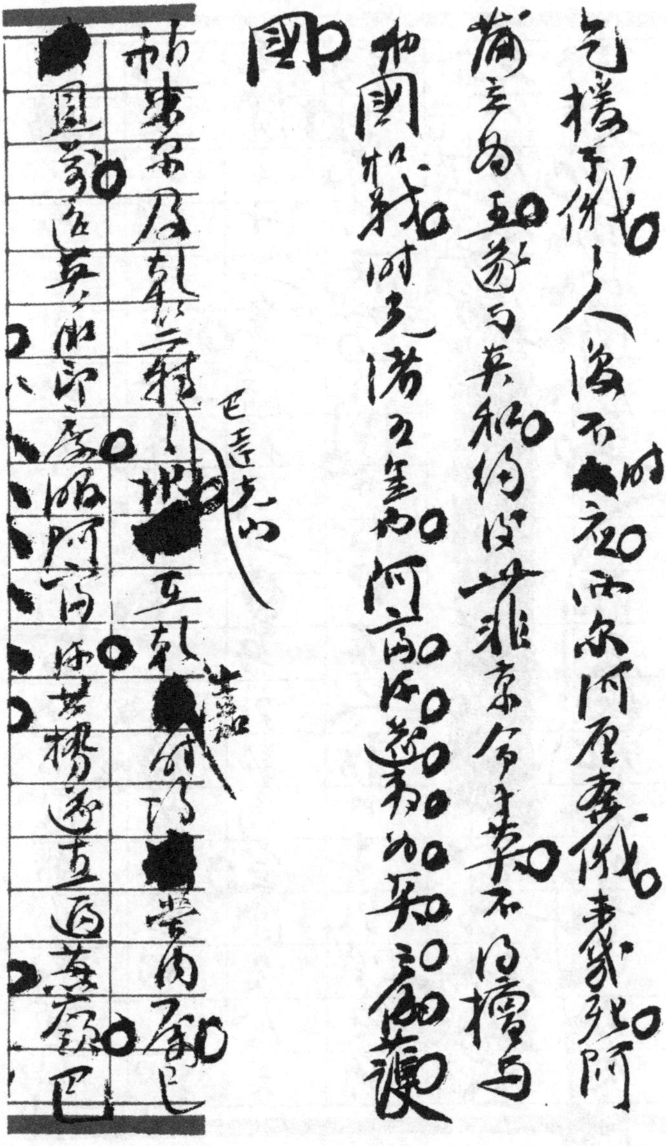

達[redacted]之以來，地既已臨康阿哲孟雄，依名之地……

以千光緒二十一年，英遂與中國定界，英乃並據之地。

光緒三十二年，藏福成上，英外部向藏派員會議開商埠兩藏之國界……

[redacted]

狀元及第

翰英齋